ELS BESSONS TAPPER

REVOLUCIONEN INTERNET

CONSELL D'UN EXPERT D'INTERNET:
MAI DONIS LA TEVA CONTRASENYA A NINGÚ!
(encara que sigui un amic
i sembla que no hagi de passar res)

EL PRIMER BEP DEL PARE
(penjat per accident)

ELS BESSONS TAPPER REVOLUCIONEN INTERNET

DICCIONARI

troll

trol | trol | nom
Una persona que penja expressament frases ofensives per molestar, ofendre o fer enrabiar, o per provocar altres usuaris de la xarxa

15.444.602 BLIPS

L'AMENAÇA PELUDA (#37DE37)
(última imatge)

MEGAPASSADA! EL BEWBEWBOY M'HA FET UN REBEP I HE ACONSEGUIT UN MILIÓ DE BLIPS!!!!

NO ESTÀ GENS BÉ, REESE.
Haurem de clausurar el teu compte

GEOFF RODKEY

217 SEGUIDORS ← Claudia

Reese → 21.088 SEGUIDORS

PATAPAM! #MetaWorld

RBA

Aquest llibre és una obra de ficció. Excepte en el que s'indica més avall, els noms, personatges, llocs, noms de productes i serveis, organitzacions i esdeveniments que apareixen al llibre són producte de la imaginació de l'autor o s'utilitzen de manera fictícia. Qualsevol semblança amb persones, llocs, productes, serveis o fets reals és pura coincidència.

Per donar realisme a la historia, en el llibre s'han utilitzat alguns noms de llocs reals, però els esdeveniments descrits són imaginaris i els llocs reals s'utilitzen de manera fictícia.

Títol original anglès: *The Tapper Twins Go Viral*.

Disseny de la coberta: Liz Casal. Adaptació de la coberta: Compañía.

Publicat d'acord amb Little, Brown and Company, Nova York, Nova York, EUA.
La pàgina 243 constitueix una ampliació d'aquesta pàgina de copyright.

Av. Diagonal, 189 - Barcelona 08018
rballibres.com

Primera edició: març de 2018.

RBA MOLINO
REF.: MONL413
ISBN: 978-84-272-1282-4
Dipòsit legal: B. 1861-2018

LA HISTÒRIA OFICIAL D'UN MUNT DE COSES ESBOJARRADES QUE ENS VAN PASSAR A MI I AL MEU GERMÀ A INTERNET, QUE INCLOU UNA COLLA DE BONS CONSELLS DEL QUE S'HA DE FER QUAN ESTEU CONNECTATS EN LÍNIA.

(I DEL QUE NO S'HA DE FER!!!)

Recopilats per fer un servei públic a altres joves de dotze anys per

CLAUDIA TAPPER

I les entrevistes amb:

Reese Tapper
Sophie Koh
Xander Billington
Carmen Gutierrez
Parvati Gupta
James Mantolini
Jens Kuypers
Akash Gupta
Athena Cohen
Wyatt Templeman
Kalisha Hendricks
Toby Zimmerman
Dimitri Sharansky

I altra gent que he oblidat

Per a més informació connecteu amb:

Claudia Tapper

Instagram: @claudaroo

SUMARI

PRÒLEG

CLAUDIA TAPPER, autora d'aquest llibre, delegada de 6è / futura cantautora

Si hi penseu una mica, internet és força increïble. És com una xarxa gegant amb tota l'existència humana a dins.

I, a més, un grapat de fotos de gatets.

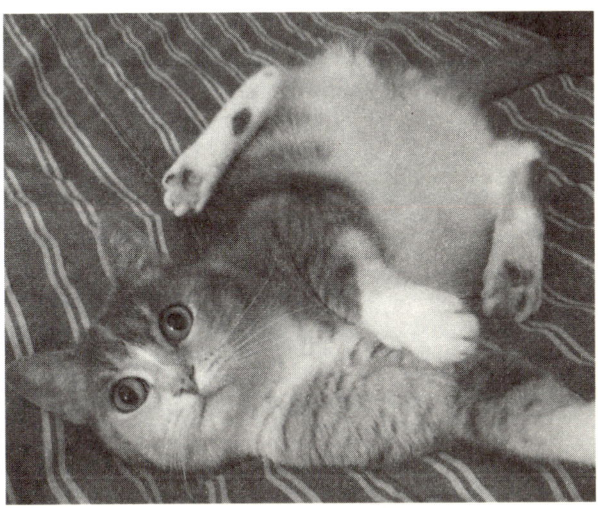

CARAM, QUE BUFÓ!
(Vaig buscar a Google <<foto de gat bufó>> i vaig trobar 23.000.000 resultats)

Però no tot és bo a internet. Perquè l'existència humana no és tota bona.

De fet, una part de l'existència humana és fosca, horrible i esgarrifosa.

Vet aquí per què heu de vigilar el que feu quan esteu connectats. Per exemple, si cliqueu l'enllaç equivocat i descarregueu un virus... potser destruireu l'ordinador. (AIXÒ li VA PASSAR a la meva àvia.)

CONSELL D'UNA EXPERTA D'INTERNET:
si no esteu del tot segurs d'on
és l'enllaç o l'arxiu, no feu un clic
(o podríeu acabar com la meva àvia,
amb un virus com una casa)

I si hi pugeu una cosa equivocada o hi pengeu una cosa que no hauríeu de penjar i es fa viral... podríeu destruir una vida sencera.

Potser us penseu que exagero, però no és així. El mes passat vaig veure com passava això, personalment. I he decidit escriure aquesta història perquè serveixi d'advertència a altres xavals del que no s'ha de fer a internet. Si seguiu els «Consells d'una experta d'internet» que he inclòs en aquest llibre, amb una mica de sort us estalviareu molts maldecaps i no haureu d'aprendre la lliçó de la manera més amarga.

Com li va passar al meu germà.

com la dels virus de la pàg. 2

REESE TAPPER, addicte als videojocs / jugador de futbol / víctima desastrosa d'internet

Això va ser SEGURÍSSIM el més al·lucinant que m'ha passat a la vida. I va anar tan de pressa. Jo estava la mar de feliç, jugant al MetaWorld, anava a la meva, «tra-la-rà... tra-la-lera... no hi ha res que faci caguera...».

I en sec, «patapam».

Com si m'haguessin disparat a l'espai dalt d'un coet. D'entrada, va ser una passada!

Això és el que acoquina d'internet. Pots megamultiplicar-te en un milió de bocins sense ni tan sols sortir de l'habitació.

paraula inventada pel Reese, cosa que fa sovint i que m'empipa

internet: arbre

Reese: cotxe

MARE I PARE (missatges de text copiats del telèfon del pare)

MARE

La Claudia està escrivint una altra crònica

= entrevistes amb tota la gent involucrada

Ostres, només ens faltava això. De què va aquest cop?

PARE

Tot el malson d'internet

Ah, a mi ja m'està bé

De debò????

I per què no? És una bona oportunitat per treure'n una lliçó

Tothom es pensarà que no tenim ni idea del que fan els nostres fills a internet!

I què? Això els passa a la majoria de pares

PERÒ JO TREBALLO EN UNA COMPANYIA TECNOLÒGICA I SE SUPOSA QUE SÉ DE QUÈ VAN AQUESTES COSES

Com a mínim, assegura't que cap dels teus col·legues de feina llegeixi aquest llibre

si estàs llegint això i treballes amb la meva mare, ÉS UNA PERSONA ESTUPENDA PER ALS NEGOCIS I HO TÉ TOT CONTROLAT

CAPÍTOL 1
LA CANÇÓ QUE VAIG ESCRIURE HAURIA POGUT SER TOT UN ÈXIT

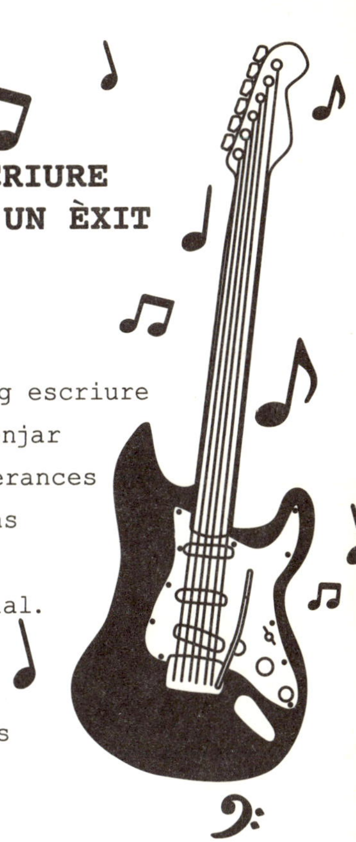

CLAUDIA

Tot va començar quan vaig escriure una cançó. Després la vaig penjar a la xarxa, perquè tenia esperances que es fes viral i que milions de persones l'escoltessin i es convertís en un èxit bestial.

REESE

Podríem dir que et volies fer famosa.

CLAUDIA

Sí, suposo que és això. Però no d'una manera fastigosa. No soc una d'aquestes que està obsessionada en si mateixa, que vol que li facin cas a qualsevol preu i per això es passa la vida fent videoblogs a MiVid i parlant de les seves sabates, el seu esmalt d'ungles, o explicant que el seu gos va vomitar al cotxe quan el duien al veterinari.

ANNA BANANAS: la videobloguera més emprenyadora de MiVid / 13.000.000 subscriptors / ecs! / absolutament REPUGNANT el detallet del gos que va vomitar al cotxe)

RING, RING, RING! AQUÍ EL BANANATELÈFON, PER SERVIR-VOS!

AnnaBananas 3.385.204 visites

A mi el que m'agrada és fer música. De l'única manera que m'agradaria fer-me famosa seria fent cançons fantàstiques que apassionessin la gent. I hi poso el coll. Fa tres anys que vaig a classes de guitarra, i intento estudiar una hora cada dia.

(o també estaria bé ser elegida presidenta dels Estats Units, però això ja és una altra història que podeu llegir a ELS BESSONS TAPPER VOLEN SER PRESIDENTS)

REESE

És veritat que has millorat molt. Abans, quan et sentia estudiar, pensava: «Què fa? Toca la guitarra o mossega les cordes? Perquè allò semblava tot menys música».

Últimament, però, em dic: «Ei, això sí que sembla una cançó de debò».

CLAUDIA (sarcasme)

Gràcies, Reese. T'agraeixo molt que no pensis que sona com si mossegués les cordes.

REESE

Jo sí que t'estic agraït perquè la meva habitació és al costat mateix de la teva i les parets són envans finíssims.

CLAUDIA

Com sabeu, el Reese i jo vivim a la ciutat de Nova York, cosa que és molt inspiradora perquè hi ha hagut UN MUNT de cantautors que han viscut aquí. Per exemple, John Lennon, dels Beatles, va viure justament a uns tretze blocs del nostre pis, al Upper West Side.

I segons *Déu meu, els més famosos al descobert!*, la meva cantautora preferida de tots els temps, la Miranda Fleet, fa poc va comprar un pis cèntric per 20 milions de dòlars, cosa que em sembla de bojos. Si estàs disposat a desembutxacar 20 milions de dòlars, hauries de poder comprar un edifici sencer, oi?

EL PIS DE 20 MILIONS DE $ DE LA MIRANDA FLEET

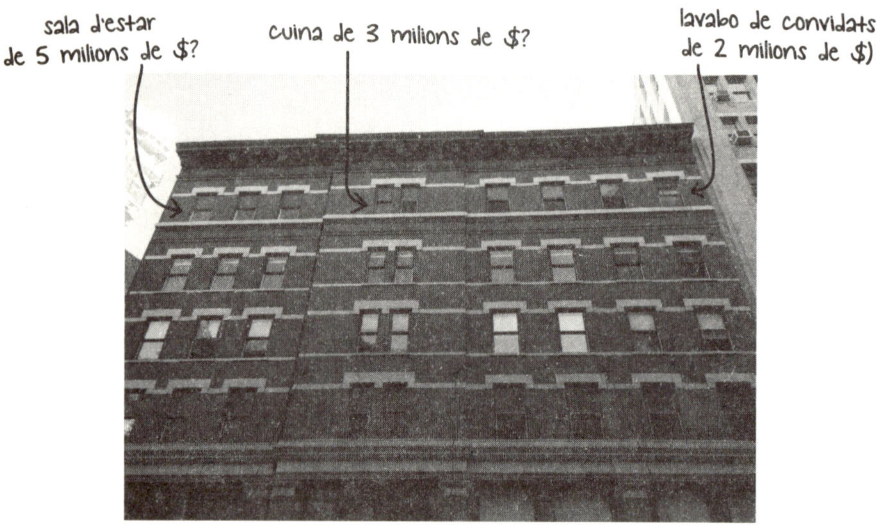

Bé, no només he treballat com una condemnada per aprendre a tocar la guitarra, també he escrit un munt de cançons, últimament. La que vaig penjar a internet, «Molí de vent», era la desena cançó que havia escrit aquella setmana.

Això em passa perquè quan tinc una riuada de sentiments intensos que no sé com encarar-los, escric cançons sobre això per veure si m'ajuda a aclarir les idees. I he de dir que tota la setmana vaig estar molt tocada emocionalment. No penso explicar per què, és cosa meva i ningú no n'ha de fer res.

SOPHIE KOH, millor amiga de la Claudia

Claudia, és clar que N'HAS DE parlar! Encara duus la pena a dins! Si en parles, ho pairàs!

PARVATI GUPTA, segona millor amiga de la Claudia

Ostres, ostres, ÉS CLAR que sí! De debò, el que has de fer, DE TOTES TOTES, és parlar amb el Jens i fer-li saber que va ser supercruel amb tu.

CARMEN GUTIERREZ, l'altra segona millor amiga de la Claudia

Siguem seriosos: tu escrius aquest llibre perquè vols que la gent aprengui una lliçó important, oi? Doncs ves per on, aquí tens la lliçó més important que tots els nois haurien d'aprendre: «NO TALLEU AMB ALGÚ A TRAVÉS D'UN MISSATGE DE TEXT!».

CLAUDIA

D'acord, està bé. Doncs parlaré de com vam tallar. Però només una miqueta.

PARVATI

No, més que això. Fes que sigui tot un capítol!

SOPHIE

És clar que sí. Un capítol sencer dedicat a això.

CLAUDIA

Ai, ai, ai, entesos...

CAPÍTOL 2
EL JENS KUYPERS TALLA AMB MI AMB UN MISSATGE DE MÒBIL

<<Jens>> es pronuncia <<Iens>>/ és holandès i la jota té el so de la i

CLAUDIA

El Jen i jo vam estar sortint durant uns quatre mesos. Teníem una bona relació, bastant íntima, i per això jo em pensava que el coneixia prou bé. I de cop em deixa feta pols, perquè m'envia un missatge la nit del dimarts on em diu que això nostre s'ha acabat.

RELACIONS AMOROSES

CONSELL D'UNA EXPERTA D'~~INTERNET~~:
MAI TALLIS AMB ALGÚ AMB UN MISSATGE DE TEXT!

Com que el Jens només fa sis mesos que viu als Estats Units, el seu anglès no és res de l'altre món, per això d'entrada no vaig acabar d'entendre què em volia dir.

JENS I CLAUDIA (missatges de text)

A partir d'ara només amics, val?

Què??

Només vull ser amic teu.
No nòvio

De debò que vols tallar
i m'ho dius així?

Està bé?

T'estic trucant a FaceTime

No contestes????

JENS

Ho sento, no puc parlar tinc molts
deures

Està bé però parlem dmà abans de
la classe de Ciències?

No

No està bé

Hem de parlar ARA

Ho sento, enfeinat. He tingut partit de futbol abans 😨😨⚽⚽

No m'ho puc ni creure

Stàs empipada

CLAUDIA

Que consti, «empipada» no descriu ni de bon tros com em sentia jo. Era potser un 10% dels meus sentiments.

l'altre 90% dels sentiments era:
-xocada
-traïda
-confosa
-trista
-feta caldo
-amb el cor destrossat
-EMPRENYADA COM UNA MONA

REESE

Estaves TAN trista després d'haver tallat! Em sabia tant de greu que vaig intentar que els pares et compressin un gosset per animar-te.

CLAUDIA

Tu feies servir el meu drama com una

excusa per aconseguir que els pares ens compressin el gosset que fa ANYS que vols.

REESE

Ja ho sé, però sí que em sabia greu per tu.

PARVATI

El Jens va ser horrible. I jo ENCARA crec que hauries de venjar-te'n i penjar una foto superridícula a la pàgina del ClickChat.

CLAUDIA

No ho faria mai. Encara que s'ho mereixi, seria massa cruel.

MAI PENJARIA AQUESTA FOTO
INCREÏBLEMENT RIDÍCULA DEL JENS

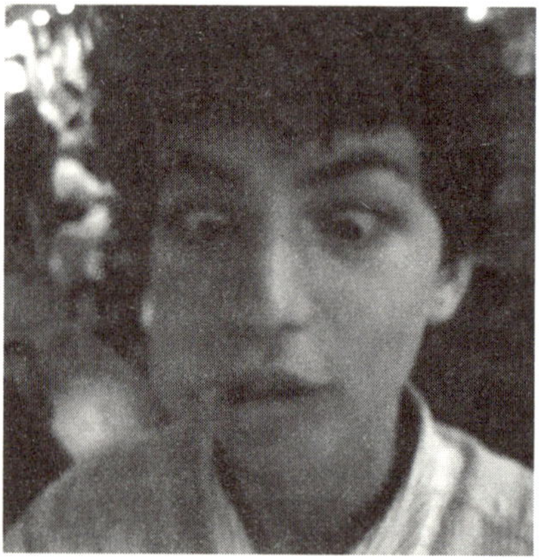

CARMEN

El costat positiu de tot plegat és que en vas treure una cançó estupenda.

CLAUDIA

El que us deia, vaig escriure un munt de cançons que anaven del tema de la nostra ruptura.

«Molí de vent» és sens dubte la millor. Té una estrofa boníssima i una tornada que se t'enganxa («Un dia et sents molt trist, l'endemà content / perquè la vida dona voltes com un molí de vent»).

La veritat és que tenia la intuïció que era bona. Però no em vaig adonar que era tan bona fins que no la vaig tocar per al meu profe de guitarra, el Randy.

LLISTA DE CANÇONS DE LA RUPTURA:
- Feta pols
- S'ha acabat
- Ulls castanys
- Cor negre
- Esborra-ho (és a dir: la cançó «Descarta-ho a la pantalla»)
- El Jens és un cretí (AVÍS: la lletra és prou explícita)
- Armilla buida
- Acabada d'estrenar
- Molí de vent

RANDY RHOADS, profe de guitarra de la Claudia

No et prenia el número, col·lega. «Molí de vent» és una cançó molt fardona.

el Randy és dels anys setanta

CLAUDIA

Sí, però això ho dius de totes les meves cançons.

RANDY, EL PROFE DE GUITARRA
(una passada, sobretot per a algú de la seva edat)

RANDY

Sí, clar... però soc el profe de guitarra. Donar bon rotllo és part de la meva feina. Fins i tot si un penjat ve amb una cançó que em destrossa les orelles, sempre li dic: «Una passada, xaval! No paris!».

CLAUDIA

Mmm... això és una mica sospitós. Quantes cançons meves t'han destrossat les orelles?

RANDY

Deixa-ho córrer, col·lega. Ara parlem de «Molí de vent». Una autèntica PASSADA. I no et prenc el número. És una cançó que podrien posar a la ràdio.

CLAUDIA

Després que el Randy em digués que era molt bona i m'ajudés a escriure un pont, vaig tocar «Molí de vent» per als meus amics quan tots estàvem connectats al ClickChat, en funció de conversa col·lectiva de vídeo.

I a tots els va encantar.

pont: una part de la cançó que és diferent de la resta

SOPHIE

Si una cançó així aparegués a la llista de preferits, estic SEGURA que buscaria qui és el que l'ha escrit. I després escoltaria totes les altres cançons seves.

PARVATI

OSTRES, OSTRES, LA CANÇÓ MÉS GUAPA DEL MÓN! I jo del pal: «No m'ho puc ni creure! Et convertiràs en una estrella. I jo seré de la teva colla! IUUUUUUUPI!».

CLAUDIA

Fins que no la vaig ensenyar als meus amics, ni m'havia passat pel cap de penjar-la a internet.

Sabia del cert que la meva ídol, la Miranda Fleet, no va començar a penjar cançons fins als catorze anys. Per això vaig pensar que valia més que m'esperés fins a setè.

Però després de cantar-la per a les meves amigues, totes tres em van dir que l'havia de penjar, tant sí com no, i que allò em faria famosa.

Vet aquí per què ho vaig fer.

CAPÍTOL 3
FER-SE IMMENSAMENT POPULAR ÉS PITJOR DEL QUE SEMBLA

CLAUDIA

El primer que vaig haver de fer va ser un vídeo. Perquè a internet no pots pas demanar que la gent es limiti a escoltar una cançó, els has d'oferir alguna cosa per mirar mentre escolten. La Carmen és molt artística i va acceptar de dirigir-me el vídeo.

CARMEN

Fa temps que vull ficar-me en el món de la filmació. I aquesta va ser una oportunitat excel·lent i també era una mena de repte, perquè tu no volies que se't veiés la cara.

CLAUDIA

No volia que la Carmen fes sortir la meva cara al vídeo perquè A) volia que la gent es fixés en la música, i B) de vegades, quan toco la guitarra, faig una ganyota estranya amb els ulls, i no volia que la gent ho veiés i s'ho agafés amb conya.

REESE

Quan fas aquella cara de tocar la guitarra és per morir-se de riure. Sembla que hagis de petar!

CLAUDIA

Veieu el que vull dir amb això de «la conya»? En comptes de filmar-me tota sencera tocant la cançó, la Carmen va fer uns primers plans de les meves mans tocant la guitarra. Després ho va intercalar amb les imatges d'un molinet de vent que va filmar al terrat del meu edifici.

FOTOGRAMA DEL VÍDEO DE <<MOLÍ DE VENT>>

El vídeo va sortir perfecte. I la Carmen tenia tota la raó quan deia que el molinet de vent quedava tan bé com un molí de debò. M'agradaria disculpar-me en públic per l'esbatussada que vam tenir sobre això.

CARMEN

No passa res. De fet, no era pas que no VOLGUÉS fer servir un molí de vent de debò. Però la qüestió és on trobes una cosa així a la ciutat de Nova York. I si en trobes un, ho sembla tot menys un molí de vent.

AUTÈNTICS MOLINS DE VENT DE NOVA YORK
(no tenen gaire pinta de molí)

CLAUDIA

Després que la Carmen filmés el vídeo, l'únic que vaig haver de fer va ser penjar-lo a MiVid, i jo estava morta de nervis. Perquè, de la manera com els meus amics en parlaven, semblava que el vídeo seria LA BOMBA. Com si la meva vida hagués de canviar com un mitjó per sempre més.

MISSATGES AL MUR DEL CLICKCHAT (XAT PRIVAT)

Carmen — c2_de_guti em moro de ganes que aquest vid sigui la bomba

Sophie — sophie_k_nyc seràs una estrella claudaroo!!!

Parvati — Parvanana SERÀS UNA SUPERESTRELLA @claudaroo!!!

Parvanana PODRÉ VENIR DE GIRA AMB TU??????

jo — claudaroo No ho sé, nenes. La veritat és que em fa por penjar-lo.

sophie_k_nyc Però si és una passada! I t'hi has deixat la pell! L'hauries de penjar ara mateix.

c2_de_guti Si no el penges tu, ho faré jo @claudaroo

Parvanana PENJA'L I EMBOGIREM

c2_de_guti Tu ja estàs boja, @Parvanana

Parvanana ÉS VERITAT, PERÒ ÉS TAN BO QUE T'HI CAGUES

sophie_k_nyc Ai, quin fàstic

Parvanana HO DEIA DE BROMA

c2_de_guti Au @claudaroo penja'l!!!!!!!!!!!

CLAUDIA

Vaig trigar tot un dia a decidir-me a penjar «Molí de vent» a MiVid. I quan al final ho vaig fer, el vaig penjar al ClickChat perquè tothom ho sabés:

claudaroo

♥ 24 likes

claudaroo Ei, penya! Ja podeu veure el meu nou vídeo a http://mivid.com... espero que us agradi. Gràcies @c2_de_guti per fer una feina tan xula amb la direcció. I també a la @Parvanana i la @sophie_k_nyc per haver-me fet costat!

CLAUDIA

Després vaig apagar l'ordinador, perquè no volia passar-me tota la nit recarregant la pàgina de MiVid per veure qui l'havia consultat.

Però no me'n vaig saber estar.

I, després de passar-me mitja hora caminant amunt i avall per l'habitació, en un intent de mantenir el sentit comú si resultava que allò es convertia en una bomba, vaig tornar-me a connectar.

I sí que em vaig passar tota la nit recarregant la pàgina de MiVid. Va resultar que no hauria calgut que mantingués el sentit comú. O que la meva vida estava a punt de canviar per sempre. O per cinc minuts. Perquè ningú no va mirar el vídeo. Durant tota aquella primera nit a la xarxa, va aconseguir 37 visites.

I com a mínim 30 d'aquestes eren de la Parvati.

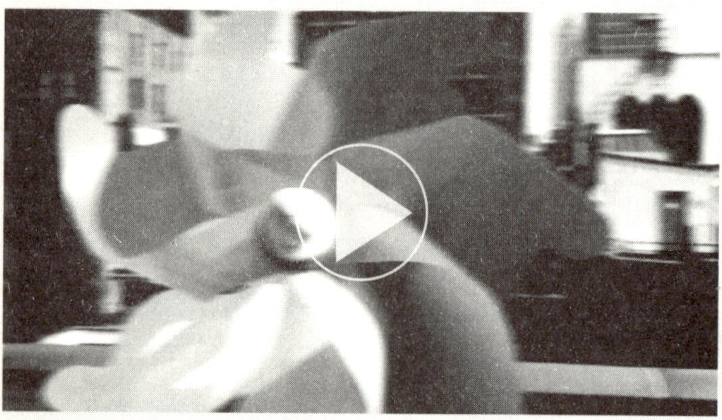

Molí de vent (de Claudia Tapper)

claudaroo 37 visites

PARVATI

Ho vaig deixar en mode de repetició. Perquè era boníssim!

CLAUDIA

L'endemà al matí, «Molí de vent» només havia tingut 41 visites. I va ser aleshores que em vaig adonar que si volia que fos un èxit, m'havia d'espavilar i fer un munt de feina per promocionar-lo. Això em va deixar una mica acoquinada, però per sort els meus amics em van ajudar molt.

CARMEN

Pràcticament vam forçar tots els de sisè de la nostra escola a mirar-lo.

PARVATI

No només els de sisè. Jo vaig ser responsable d'un munt de visites dels de vuitè.

AKASH GUPTA, de vuitè / germà gran de la Parvati

L'empipadora de la meva germana va plantificar el cul a la taula del menjador i va dir que no es mouria fins que miréssim el vídeo de la Claudia als nostres mòbils.

PARVATI

Però estàs content que ho fes, no? A tu et va encantar «Molí de vent»!

AKASH

És una cançó que et queda. Però no és la meva mena de música. Si hi hagués una VERSIÓ remix més electrònica, em molaria més.

CLAUDIA

La reacció que vaig rebre dels xavals de l'escola va ser molt encoratjadora.

KALISHA HENDRICKS, de sisè curs / molt llesta

És una cançó excel·lent, Claudia. Hauries d'estar orgullosa de tu mateixa.

DIMITRI SHARANSKY, de sisè curs / bastant intel·ligent

Molt guapa, la cançó! Mola!

CLAUDIA

No tothom va ser tan positiu. Les Fembots van fer tota mena d'escarafalls.

FEMBOTS = les nenes supercregudes de sisè que ens perdonen la vida perquè no som prou rics / emprenyadors com elles

ATHENA COHEN, dictadora Fembot

Què voleu que us digui. Aquell vídeo era absolutament amateur. Vull dir, quina mena de pressupost tenien? Cinc dòlars, a tot estirar?

CLAUDIA

Més aviat zero dòlars. Perquè no hi havia cap pressupost.

ATHENA

Sí, és clar, i es veia d'una hora lluny, maca. Per cert, tot aquell numeret que vas fer perquè la gent ho compartís al ClickChat? Molt vulgar. I va ser un fracàs ABSOLUT. Què vas aconseguir, unes cinc visites?

CLAUDIA

Per si no ho havíeu notat, l'Athena és malvada.

Per desgràcia, en aquest cas, tenia raó. Tot i que la majoria de xavals del Culvert van xalar amb el vídeo, no n'hi havia prou per convertir-lo en un fenomen viral. O en un fenomen de qualsevol mena.

I no va ser perquè no ho provéssim. Vaig tornar a penjar l'enllaç al ClickChat un grapat de vegades i vaig demanar a tothom que el compartís. Fins i tot els pares, encara que no són al ClickChat. El pare amb prou feines és al Facebook.

MARE I PARE (missatges de text)

No oblidis de penjar el vídeo de la Claudia a FB

Jo ho he fet. He aconseguit tres «m'agrada»!

Això és tot? Quants amics tens a FB?

No en tinc ni idea

Ho he mirat. En tens 23

No és prou?

És una misèria

N'estàs segura?

Sí. Fins i tot m'estranya que estigui casada amb tu

Quants amics tens tu a FB?

632

Caram, caram

Però no pot ser que tota aquesta gent sigui amiga teva

El Reese en té 786 al ClickChat

Com pot ser???

El Reese no ha conegut 786 persones en tota la seva vida!!!

Quan arribis a casa t'explicaré com funciona això de les xarxes socials

Em penso que no ho vull saber

CLAUDIA

En un moment determinat, la Carmen va dir-me que afegís etiquetes coixinet a la pàgina de MiVid perquè la gent pogués trobar «Molí de vent» si feien una cerca. I ho vaig fer.

Molí de vent (de Claudia Tapper)

claudaroo #cançons #cantautora #música #Molídeventl **198 visites**

CARMEN

Amb prou feines vas posar quatre etiquetes. I jo, del pal: «Au, Claudieta, que ho he de fer per tu?».

CLAUDIA

La Carmen va insistir perquè refés els meus coixinets. Si us he de ser sincera, em penso que es va passar.

Molí de vent (de Claudia Tapper)

claudaroo #cançons #cantautora #música #Molídevent #NovaYorkcantautora #cantautoradeNovaYork #èxits #cançonsdèxit #millorscançons #vídeomusical #ruptures #rupturesmusicades #cançonsderuptura #maldecor #cordestrossat #tristesa #cançonstristes #músicademaldecor #elsnoisfanpena #carmengutierrez #tapperclaudia #molinet #molinetdevent #moilnetdeventqueésunmolídevent #vídeosalterra #vídeosalterratdeNovaYork #vídeodecançótrencacorsgravadadalt delterratdunedificideNovaYorkambmolinet deventqueeracomsifosunmolidevent totmoltbonicimoltsentit **214 visites**

CARMEN

MAI n'hi ha prou d'etiquetes coixinet.

CLAUDIA

No sé pas si és veritat.

Sigui com sigui, els coixinets tampoc no van canviar gaire la situació. Ni totes les meves coses penjades al ClickChat. Després d'una setmana penjada a la xarxa, la cançó de «Molí de vent» es va quedar aturada a unes 300 visites, i semblava que la cosa no arrancaria mai més.

(1 setmana després de penjar-lo)

Molí de vent (de Claudia Tapper)

claudaroo #cançons #cantautora #música **293 visites**

Estava tan desesperada que vaig fer el que la Parvati m'havia demanat des del principi: vaig buidar el pap.

CAPÍTOL 4
BUIDAR EL PAP_ EL MILLOR/ PITJOR D'INTERNET

CLAUDIA

En cas que sigueu com els meus pares i no tingueu ni idea de què vol dir «Buidar el Pap» a les xarxes socials, és un «microvídeo». L'únic que hi podeu penjar són vídeos de dos segons.

«microvlog (no n'estic segura)

Depenent d'amb qui parleu, Buidar el Pap pot ser la cosa més guapa i flipant del món o un cagarro total. A mi em sembla... bé, bastant caca. Perquè què voleu posar-hi en dos segons, que no sigui una estupidesa absoluta, del tipus tirar-se a la piscina sobre bicicleta o abaixar-se els pantalons davant d'un McDonald's?

TÍPIC VÍDEO DE BUIDAR EL PAP
(un xaval que se la fot amb un skate)

REESE

Buidar el Pap és una PASSADA. És una pàgina on només hi ha xavals que cauen a la piscina muntats amb bici o que s'abaixen els pantalons davant del McDonald's!

És per pixar-se de riure.

SOPHIE

Buidar el Pap és la cosa més estúpida en tota la història de l'univers.

PARVATI

A MI M'ENCANTA!!!

De debò, eh? Si no fos per Buidar el Pap, no sabria qui és Tyler Guapot! O Marcel Mourlot, Austin Flick, Luke Vivian, Cody i Cody, Jimmy Wallinger, Oscar González o Brian Messer!

CLAUDIA

La Parvati està penjada d'uns vint fenòmens de Buidar el Pap, cosa que em resulta incomprensible. Vull dir, n'hi ha alguns que són bastant bufons. Però no fan res. La majoria dels seus Buidar el Pap són acudits o brometes estúpides, o es queden mirant la càmera fixament i criden «EEEEEEEEEEI, TIIIIO!».

PARVATI

A veure, per començar, el Tyler Guapot no cal que faci res, en té prou amb mirar la càmera. Té uns ulls taaaaan blaus! Em podria passar setmanes mirant aquells ullets.

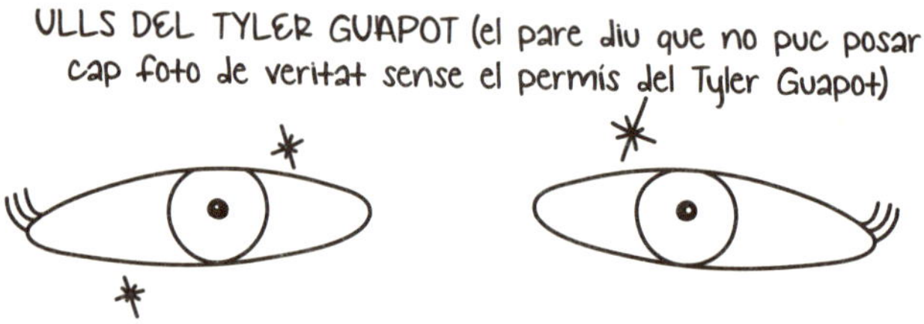

Després, no és veritat que no facin res. Marcel Mourlot ha penjat uns Buidar el Pap que serveixen d'inspiració a milions de persones per viure millor.

I Brian Messer és una estrella del pop superconeguda. I va començar a Buidar el Pap, que és el que hauries de fer tu!

CLAUDIA

A mi no m'agrada gaire la música de Brian Messer. Però és veritat que és molt famós. I tot va començar quan va penjar a Buidar el Pap un munt de clips musicals de dos segons i l'enllaç a MiVid, per si la gent volia escoltar la cançó sencera.

A mi em sembla una parida, perquè, com pots saber si t'agrada una cançó amb només dos segons?

Però després de passar-me una setmana veient com «Molí de vent» no tenia èxit a la xarxa, vaig decidir fer cas de la Parvati i vaig començar a penjar-ne clips, estil Buidar el Pap.

En total, vaig penjar uns trenta BEP (Buidar el Pap). N'hi hauria posat més, però és molt difícil trinxar una cançó en bocins de dos segons i que encara s'entengui.

PARVATI

Però és que NO s'ha d'entendre! Em penso que no has captat com funciona això dels BEP.

CLAUDIA

Suposo que tens raó. El cas és que no només vaig posar coixinet a tots els meus clips, sinó que, a més, la Parvati em va dir que per què no feia comentaris dels BEP famosos, i així la gent els veuria i amb una mica de sort anirien al meu enllaç per veure els meus reBEP.

reBEP = és quan comparteixes un BEP a la teva pàgina BEP

@claudaroo **elGranMarcel@BrianMesser@CodyiCody@Gua-potTyler@Flicknacollonant**

Però cap d'ells no va fer cas dels meus reBEP. Tot i això estava bastant contenta amb com anaven els meus BEP. El meu BEP més popular havia aconseguit 2.236 blips en una setmana.

Blip = visita a un BEP

2.236 BLIPS

el meu BEP de més èxit (del pont) = <<la vida dona voltes com un gran molí de vent>>

Però com que els BEP només duren dos segons, i sonen en un bucle, això significa que 2.236 blips no són gaires. Pràcticament pots aconseguir uns 1.000 blips per casualitat.

PARVATI

Vaig deixar un dels teus BEP corrent, mentre anava al lavabo, i em penso que va pillar 500 blips. Potser més i tot.

CLAUDIA

Després de tota la moguda dels BEP, vaig acabar amb uns 200 seguidors del BEP. Però diria que la majoria són bots. I encara que haguessin sigut persones, no gaires s'haurien mirat el vídeo sencer. Fins i tot després de dues setmanes d'inundar la xarxa amb BEP, «Molí de vent» només havia aconseguit unes 400 visites a MiVid.

bots = comptes robot que et segueixen però que no són humans

<<Molí de vent>> visites

388 visites

Això em va deixar bastant desinflada. Era una cançó estupenda, i havia agradat a gairebé tothom que l'havia sentit. Però, per més que ho intentava, no aconseguia que hi hagués més visites a la xarxa.

No només NO es va fer viral sinó que estava molt lluny de ser-ho.

Per tant, vaig decidir que això de fer-se immensament popular a través d'internet era del tot impossible.

Fins que el meu germà ho va aconseguir sense ni tan sols intentar-ho.

CAPÍTOL 5
EL REESE ACTIVA EL SEU BEP

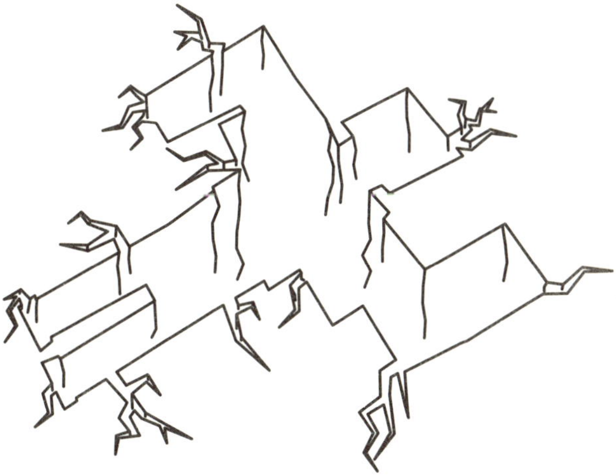

REESE

Tot va començar quan el Xander i jo estàvem passant l'estona al MetaWorld. La versió 3.0 acabava de sortir i hi han afegit una cosa que es diu «motor físic», que fa que tot plegat sembli molt MÉS real. Encara que tothom continua tenint caps quadrats i ningú té dits.

MetaWorld = videojoc amb el qual el Reese passa el 80% de la seva vida, l'altre 20% juga a futbol

Per això, quan el Xander em va despenyar per un precipici durant un combat mortal, en comptes de morir-me, com passava a la versió 2.0, el meu avatar va xisclar «AAAAAAAAAH» i va fer un forat impressionant a terra en forma d'avatar.

Era per morir-se de riure! Total, el Xander i jo vam començar a despenyar-nos com a diversió.

CLAUDIA

Perquè ho sapigueu, el Xander és un dels millors amics del Reese. I, a més, és un plom.

XANDER BILLINGTON, amic del Reese / xaval que és un autèntic plom

No et comencis a quedar amb mi, Colònia. Si trepitges l'X-man, et munto un pollastre que serà de cultiu megaultrabiològic!

un dels seus malnoms pe referir-se a mi

malnom que fa servir ell

CLAUDIA

El que de veritat em molesta del Xander és que parla constantment com si fos un raper de carrer. I això és deplorable si penseu que els seus avantpassats són dels que van arribar a aquestes terres dalt del *Mayflower*, els peregrins que havien vingut d'Anglaterra.

Això significa que la família Billington ha estat empipant Amèrica des de fa 400 anys.

XANDER

Ni de conya, tia! Els Billington eren SUPERrespectats en aquells temps foscos!

CLAUDIA

Xander, tu has buscat mai a Google «Mayflower» i «Billington»? Perquè jo sí que ho vaig fer. I resulta que els teus avantpassats van fer explotar el vaixell. I un altre va acabar a la forca per assassí, quan van desembarcar a Amèrica.

100% VERITAT (ho podeu buscar a Google)

XANDER

QUÈ? Tu flipes i t'ho inventes.

CLAUDIA

No m'ho invento.

XANDER

No em prens el pèl? No és bola?

CLAUDIA

De debò, no és bola, xaval.

XANDER

UALA!!! ANEM D'AQUEST PAL, NOSALTRES! SOM UNA CASTANYA, ELS BILLINGTON! Quan l'hi expliqui a la mama dinosaure, a l'hora de sopar, al·lucinarà. Al·lucina, MAMA FINA! Ho petem amb ballarusca!

LOCALITZACIÓ ON ELS BILLINGTON AL·LUCINEN I HO PETEN AMB BALLARUSCA (a Park Avenue) (estic seguríssima que els veïns els odien)

CLAUDIA

Ei, que m'estic desviant totalment del tema. Tornem al MetaWorld.

REESE

Això de tirar-nos pel precipici va fer-se avorrit al cap d'una estona. I tot d'una vaig i li dic: «I per què no construïm una torre gegant i ens tirem daltabaix?». I ho vam fer. I va ser una passada! Sobretot perquè vam enredar el Wyatt i li va dir que es posés dret sota de la torre i així li quèiem al damunt.

WYATT TEMPLEMAN, amic del Reese

La primera vegada que ho van fer em vaig emprenyar molt, perquè no em van dir el que pensaven fer. Però després van deixar-me que saltés jo i els aixafés una estona. Era per morir-se de riure. Jo em moria.

L'AVATAR DEL REESE A MIG SALTAR

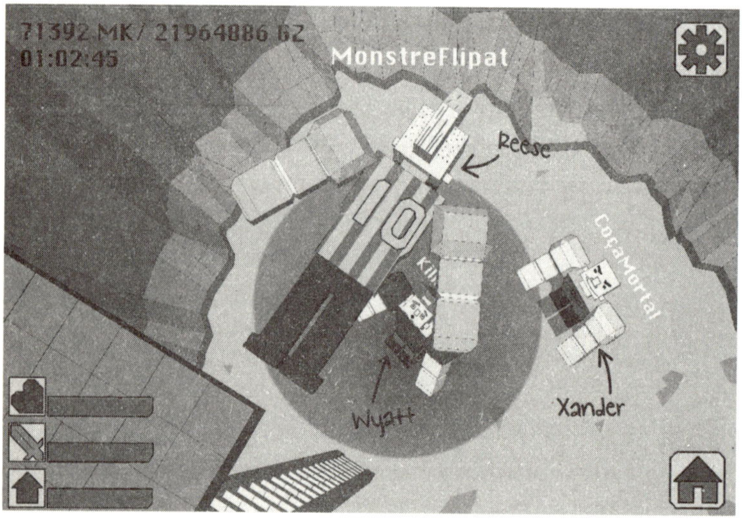

XANDER

I jo del pal: «Ei, tios, això ho hauríem de penjar a BEP, no va de conya!».

REESE

Era el clip perfecte per a BEP. Perquè durava EXACTAMENT dos segons de caiguda, des de la torre fins que aixafàvem algú. Total, que el Xander va gravar-ho amb vídeo, jo saltant damunt del Wyatt. I ho vaig penjar.

CLAUDIA

He d'admetre que, tot i que no és la mena de cosa que em faci gràcia, el primer cop que ho vaig veure vaig fer-me un tip de riure. Sabeu? Era d'aquells atacs de riure que no pots contenir. Com quan estàs mirant una pel·li i una noieta bufona, tota petita, clava una coça impressionant als pebrots d'un tio. No voldries riure però no et pots aguantar.

(BEP DEL REESE)

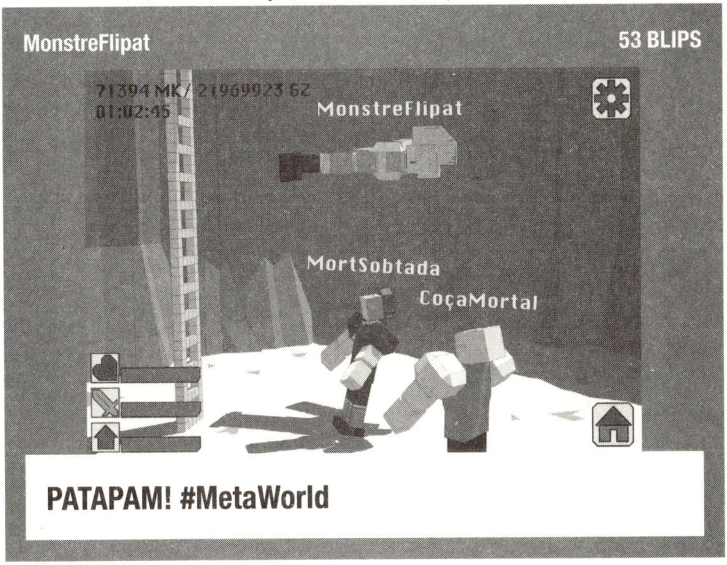

REESE

Mai havia penjat res a BEP abans. De tant en tant, m'ho mirava. Per això no vaig tenir cap seguidor, només el Xander i el Wyatt. I quan la mare va arribar a casa, aquell vespre i em va demanar que apagués l'ordinador, només havia aconseguit uns 50 blips.

Però aleshores el Xander va posar un munt d'etiquetes coixinet amb el nom d'una colla d'amics als comentaris perquè s'ho miressin.

> @MortSobtada **Mireu-vos-ho @númerodeu @Wenzamura @predadordenit @bryce_thomson @xavalet @AidanTheGrif**

Total, que l'endemà, quan vaig mirar el meu BEP, vaig veure que hi havia 600 blips! I 10 seguidors nous!

I quan vaig anar a la cantina de l'escola, abans de començar les classes, pràcticament tots els de sisè ho estaven mirant.

CLAUDIA

Els xavals estaven tots apinyats al voltant dels mòbils, mirant el BEP del Reese i es morien de riure.

I ara us seré totalment sincera: allò em va irritar molt.

Perquè tothom estava MOLT més engrescat amb la parideta de dos segons del Reese, que l'havia fet com els ases els pets, que amb el meu «Molí de vent». Tot i que jo, en canvi, havia suat la cansalada per fer-lo. M'havia passat SETMANES intentant que la gent escoltés la meva cançó... però a sobre eren ANYS de feina, si teniu en compte tot el temps que m'he passat aprenent a tocar la guitarra i escrivint cançons abans que pogués arribar a fer alguna cosa de pes, alguna cosa que fes dir sí senyor.

Em semblava totalment injust.

Però mai, MAI DE LA VIDA, hauria muntat cap numeret ni dit res si no fos perquè l'estúpida de l'Athena Cohen va haver d'obrir la boca.

CAPÍTOL 6
NO TE LA JUGUIS MAI AMB UNA FEMBOT

CLAUDIA

L'Athena domina les Fembots amb la por. També intenta dominar els altres xavals de sisè, però la majoria passen d'ella.

Les Fembots són:
-Athena
-Clarissa Parker
-Ling Chen
-Meredith Timms
+ 5-8 que ho voldrien ser, però no hi arriben

I ella ensuma la feblesa igual que el tauró ensuma la sang. Quan algú està trist, se sent poca cosa o baix de moral, l'Athena no s'ho perd. I aleshores l'ataca.

Això és més o menys el que em va fer a la cantina de l'escola, aquell matí.

SELFIE DE L'ATHENA
(brometa)

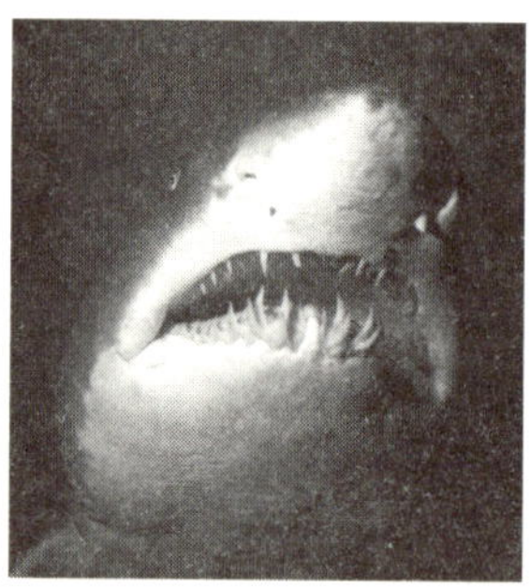

SOPHIE

Tu eres allí, asseguda i pensant en les teves coses. I, en sec, va l'Athena i diu: «EI, MIREU LA CLAUDIA, ESTÀ SUUUUPERDOLGUDA!».

CLAUDIA

Que consti, jo NO estava «dolguda» perquè el Reese havia aconseguit tanta atenció amb els seu BEP. En realitat, estava «empipada», que és ben diferent.

Però quan l'Athena va bramar allò, tothom va deixar de mirar el BEP i va mirar-ME a mi. I l'Athena va dir una cosa com: «Tu has PIDOLAT que la gent mirés el teu vídeo de pena... i en cinc segons el Reese ha fet una cosa que ha tingut MIL VEGADES més d'èxit! HA, HA, HA!».

Això que deia era absurd, perquè el meu BEP més popular havia aconseguit més de 2.000 blips i, en aquell moment, el BEP del MetaWorld del Reese només en duia 600.

647 BLIPS

REESE

Més aviat uns 1.000, aleshores. La cosa anava molt de pressa.

1.009 BLIPS

CLAUDIA

Tant se val. El que vull dir és que NO estava dolguda... fins que l'Athena no em va humiliar davant de tothom. I fins i tot llavors tampoc em va doldre, sinó que em va EMPRENYAR.

Estava tan emprenyada que no podia ni pensar amb serenitat. El resultat és que, en comptes de agafar-m'ho amb broma, que és el que HAURIA hagut de fer, vaig caure-hi de quatre potes. No recordo el que vaig dir exactament...

SOPHIE

Alguna cosa com: «Mira, escolta'm, les meves cançons duraran MOLT més que l'estúpid BEP del Reese».

CLAUDIA

No ho hauria d'haver dit mai, allò. Perquè no estava emprenyada amb el Reese! Estava emprenyada amb l'Athena! Però tot es va capgirar i es va convertir en una qüestió de jo-contra-el-meu-germà, i TOTHOM va voler-hi ficar cullerada: les Fembots, els amics del Reese, les meves amigues, tot déu.

CARMEN

Nosaltres només et volíem fer costat! Va

ser per això que la Parvati va parlar dels seguidors del BEP.

PARVATI

I jo vaig i dic: «La Claudia té 200 seguidors al BEP, i el Reese només en té 10! I això vol dir que ella és 200 cops més popular que ell!».

Bé, els números no eren gaire exactes, la veritat.

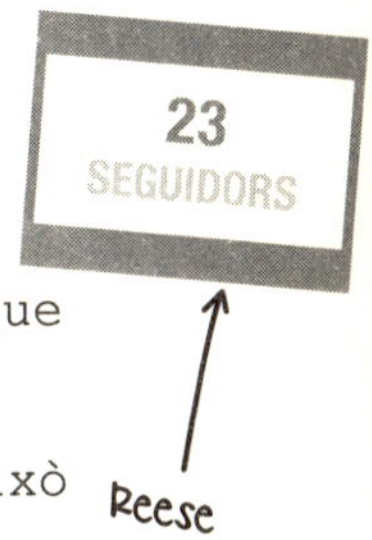

REESE

Jo no volia embolicar-me en tot allò. Però quan la Parvati va sortir amb allò que jo només tenia 10 seguidors, vaig saltar. «Ni de conya», vaig dir. «En tinc 20! I això són 10 més que fa una hora!».

SOPHIE (Fembot mà dreta de la dictadora)

Llavors la Clarissa Parker va i diu: «M'hi jugo mil dòlars que al final el Reese tindrà més seguidors que la Claudia».

I l'Athena la va sentir i s'hi va apuntar.

CLAUDIA

Abans que me n'adonés, l'Athena se'm va tirar a sobre, gesticulant amb la mà sense parar.

«I tu, què t'hi jugues? Mil dòlars? O és que vols admetre davant de tothom que ja HAS PERDUT?».

TOTHOM ens mirava. I jo l'únic que podia pensar era això: «NO EM PENSO deixar intimidar per l'Athena davant de tothom».

Però també és veritat que no tenia mil dòlars. De fet, no en tenia ni deu. els pares no ens donen setmanada, ni a mi ni al Reese, cosa que és totalment injusta

CARMEN

Evidentment! Ningú té tants de quartos! Només l'Athena. Però la teva resposta va ser genial.

CLAUDIA

No recordo exactament què li vaig dir. Alguna cosa així: «Ho sento, Athena. No soc tan rica i aviciada com per poder-me permetre que el papa em doni els diners per una aposta totalment estúpida. I si tingués mil dòlars els faria servir per convertir el món en un lloc una mica millor. No els aniria ensenyant pertot arreu, com fas tu».

REESE

L'Athena va flipar quan li vas dir això. I la penya: «UAAAAAAALA!», «QUE FORT!».

La veritat és que el Reese em va fer costat, contra l'Athena, cosa que està la mar de bé

CLAUDIA

Després l'Athena va contraatacar: «Ai, pobreta, me n'havia descuidat que tu NO tens ni un ral!». Però ningú va riure, només les Fembots. A continuació, es va quedar uns segons callada. Però era gairebé com si veiessis el que barrinava el seu capet pervers.

I llavors va dir: «Molt bé. No cal que t'hi juguis res. Si guanyes, et daré els mil dòlars perquè facis el món una mica millor. Però si guanyo jo... hauràs de penjar un BEP que dirà: «JO, CLAUDIA TAPPER, SOC LA PERSONA MÉS INCAPAÇ, MÉS ESTÚPIDA I MÉS IDIOTA QUE EXISTEIXES [EXISTEIX]».

aquí vaig haver de corregir una mica la gramàtica de l'Athena, perquè no en té ni idea

REESE

I la penya: «QUE GUAPO!», «VA, CLAUDIA, APUNTA-T'HI!», «ACCEPTA-HO!».

CLAUDIA

En aquell moment, jo ja anava mig perduda, però no em podia permetre que guanyés l'Athena.

SOPHIE

I tu vas i dius: «A veure, de què va

l'aposta?». I l'Athena: «De si el Reese acabarà amb més seguidors que tu».

Després vosaltres dues vau discutir quant de temps hauria de durar, quines haurien de ser les regles i coses així.

I abans que tanquéssiu el tracte, l'Athena va dir al Toby que ho copiés tot.

CLAUDIA

Aquí adjunto exactament l'aposta que el Toby Zimmerman va enviar a tothom, després que l'Athena i jo tanquéssim el tracte amb una encaixada davant de tots els de sisè:

L'APOSTA

L'ATHENA APOSTA AMB LA CLAUDIA QUE QUAN ACABI EL CURS ESCOLAR, A LES 2.55 H DE LA TARDA DEL DIJOUS 26, EL REESE (@MONSTREFLIPAT) HAURÀ ACONSEGUIT MÉS SEGUIDORS DEL BEP QUE LA CLAUDIA (@CLAUDAROO).

EL QUE ESTÀ EN JOC

SI LA CLAUDIA ACONSEGUEIX MÉS SEGUIDORS, L'ATHENA PAGARÀ A LA CLAUDIA 1.000 $.
SI EL REESE ACONSEGUEIX MÉS SEGUIDORS, LA CLAUDIA PENJARÀ UN BEP AL SEU COMPTE @CLAUDAROO ON DIRÀ: «JO, CLAUDIA TAPPER, SOC LA PERSONA MÉS INCAPAÇ, MÉS ESTÚPIDA I MÉS IDIOTA QUE EXISTEIX».

REGLES

EL REESE NO POT FER TRAMPES O PASSAR EL SEU COMPTE A PRIVAT, TAMPOC POT AJUDAR LA SEVA GERMANA A GUANYAR, PERQUÈ, SI NO, ELLA PERDRÀ AUTOMÀTICAMENT.
SI ALGÚ CREA FALSOS COMPTES DEL BEP PER FER-SE SEGUIDOR D'ALGUN DELS DOS BÀNDOLS, EL SEU BÀNDOL PERDRÀ AUTOMÀTICAMENT.
SI LA CLAUDIA PERD, AL SEU BEP NO POT APARÈIXER AMB ULLERES DE SOL NI CAP MÀSCARA QUE LI TAPI LA CARA.
TAMPOC NO TÉ DRET A ESBORRAR EL BEP MAI MÉS.

CLAUDIA

Val la pena que entengueu que, quan vaig acceptar aquesta aposta amb la Athena, no em va semblar que fos la cosa més estúpida que havia fet a la meva vida.

REESE

És clar que no! Perquè era tu contra jo, amb la diferència que jo volia que tu guanyessis! Per això, encara que vaig haver de jurar que no t'ajudaria, tampoc pensava ajudar l'Athena.

CLAUDIA

Una altra cosa: quan l'Athena i jo vam fer l'encaixada davant de tothom, en aquell moment jo guanyava el Reese de bon tros amb el nombre de seguidors al BEP. Jo en tenia 208 i el Reese només 23.

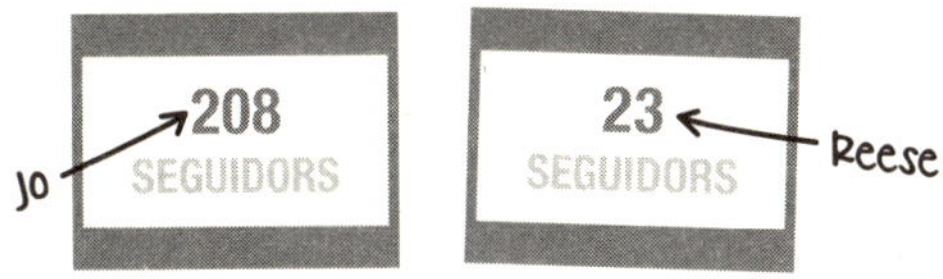

REESE

És veritat! Vet aquí que no semblava una cosa tan estúpida; almenys aquesta va ser la situació fins al cap d'un parell d'hores.

CAPÍTOL 7
EL REESE ES FA VIRAL

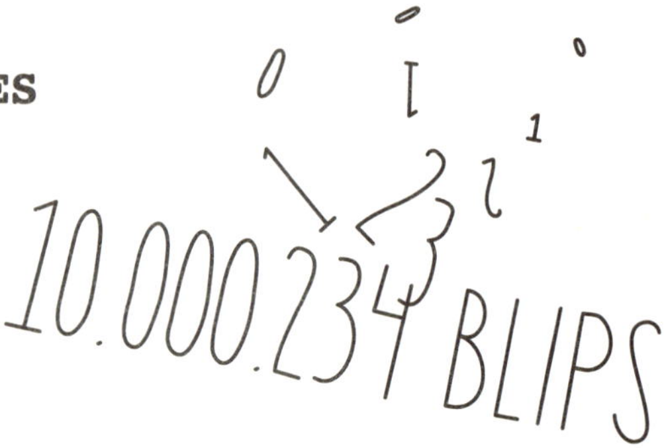

CLAUDIA

A classe de mates, la profe Santiago ens va ensenyar una cosa que es diu «creixement exponencial». Bàsicament, quan una cosa creix de manera exponencial, d'entrada només sembla que creixi bastant de pressa... després creix molt de pressa... i al final es dispara com un coet cap al cel.

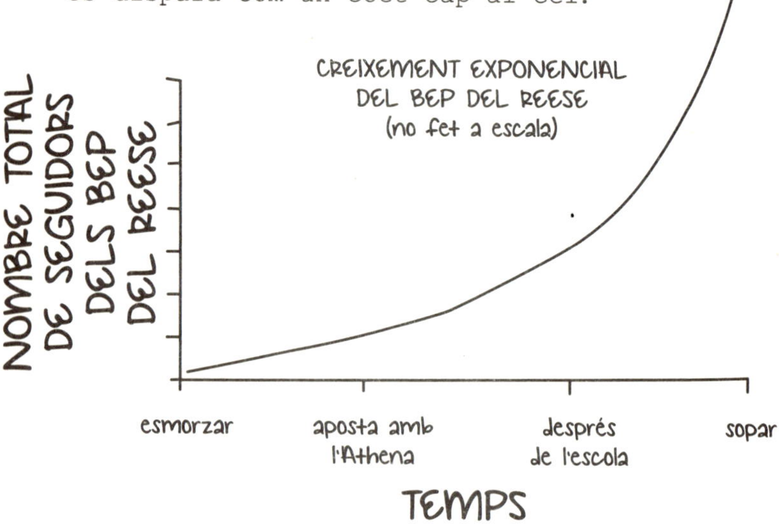

Això és més o menys el que va passar amb el BEP del Reese. Aquell dia, al migdia, ja havia arribat a 5.000 blips i 45 seguidors.

I això és MOLT més del que tenia en el moment en què jo vaig fer l'aposta amb l'Athena. Per això, les Fembots em van estar burxant tota l'estona a l'hora de dinar.

SOPHIE

Eren una VERDADERA llauna. La Ling Chen es va empescar una cançoneta que feia: «Baixant de la font del gat, una perdedora i un soldat...». I després totes les Fembots s'hi van apuntar a cantar-la.

amb la música de <<Baixant de la font del gat una noia i un soldat>> (la cançó no està malament però ara l'odio perquè em recorda les Fembots)

REESE

Tots els meus amics, a l'hora de dinar, no paraven de dir-me: «Ei, xaval, ho estàs petant, eh?». I el Xander va i diu: «La meitat dels seguidors són MEUS, tio!».

XANDER

Tot GRÀCIES a mi, tio. Vaig gravar jo el vídeo i me'l vas agafar del MEU compte, eh, xaval?

WYATT

I jo, què? L'avatar del Reese va saltar damunt del meu avatar!

XANDER

↙ és com el Xander anomena el Wyatt

Un segon, Wyaatto. Tu només eres un matalàs. Hauríem pogut aixafar qualsevol idiota.

REESE

Vaig pensar que el Xander tenia una mica de raó. Vull dir que havíem construït la torre junts. I no ho hauria pogut fer sense ell. Però no podia donar-li la meitat dels meus seguidors. En comptes d'això, li vaig dir que si volia podíem formar un equip. I la propera vegada que féssim un BEP, el penjaríem al seu compte, així aconseguiria molts seguidors. A més, si jo no penjava més coses, a tu et seria més fàcil de guanyar l'aposta.

↑ aquesta soc jo, la Claudia

CLAUDIA

Tenia esperances que els números del Reese comencessin a encallar-se després de dinar, però va passar el contrari. Quan van acabar les classes, aquella tarda, ell ja va anava pels 8.000 blips i tenia 65 seguidors.

Allò em va deixar acoquinada.

8.612 BLIPS

65
SEGUIDORS

REESE

Quan anàvem amb bus cap a casa, tu vas i em surts amb: «Reese, has d'aturar tota la gent que et vol seguir!».

EL BUS M79 TRAVESSANT EL CENTRAL PARK (va ser aquí que vaig demanar al Reese que aturés això dels seguidors)

I jo li dic: «Com vols que ho faci? Si poso el meu compte en mode privat, l'Athena ho veurà de seguida i tu perdràs automàticament!». I no hi havia cap altra manera d'aturar la gent que em volia seguir.

I, a més, jo estava bastant al·lucinat. Cada minut rebia reBEP! I era de gent que ni coneixia!

CLAUDIA

El Reese estava preocupat un 10% per si jo perdia davant de l'Athena i un 90% era engrescament pel fet que el seu BEP estigués aconseguint tanta atenció.

I jo estava 10% contenta per ell, 5% empipada de veure que una cosa tan estúpida tenia tanta acceptació i 85% amb PARANOIA ABSOLUTA davant la possibilitat de perdre la meva aposta i haver de penjar un BEP que em faria quedar en ridícul per a la resta de la meva vida.

Hi havia possibilitats reals que el Reese aconseguís més de 208 seguidors. I això volia dir que jo m'havia d'espavilar i fer més BEP per augmentar el nombre de seguidors.

Així que vaig arribar a casa, vaig demanar a la nostra cangur, l'Ashley, que m'ajudés a decidir quina cançó podia penjar per seguir «Molí de vent».

L'Ashley es va llicenciar en estudis de teatre musical a la universitat, vet aquí per què era la persona ideal per ajudar-me en qüestions de música, i també és per això que encara ens fa de cangur als vint-i-cinc anys, tot i tenir un títol universitari.

ASHLEY O'ROURKE, la nostra cangur

Claudieta, em podries donar un cop de mà? Escriu al teu llibre que si algú que el llegeix és productor de teatre, de cinema, de televisió, del que sigui, que mirin sisplau el meu MiVid i/o que vinguin al meu xou, que s'inaugurarà d'aquí poc a Chelsea i que es diu *La república del ball.*

CLAUDIA

I tant que sí, Ash. Algun dia et convertiràs en una estrella, ja ho veuràs. Ets una ARTISTASSA en els teus xous individuals.

l'Ashley entre bambolines en el seu xou individual: El cap ple de catedrals

ASHLEY

Gràcies, Claudieta! També anuncia que estic lliure per fer cangurs els caps de setmana. Puc cuidar grans i petits! Sobretot bebès! Soc com una ninja quan és l'hora de fer-los adormir.

CLAUDIA

Tornem a la meva història: érem a la meva habitació, l'Ashley i jo, i li estava ensenyant una de les meves cançons i de sobte vam sentir uns brams que venien de l'habitació del Reese.

Esborra-ho (és a dir: la cançó de <<Descarta-ho a la pantalla>>)

REESE

BewBewBoy és el tio més famós del MetaWorld. Des dels deu anys que em miro els seus vídeos. Té 30 milions de seguidors a MiVid. I 20 milions a BEP. I M'HA FET UN REBEP!!! A 20 MILIONS DE PERSONES!!! I aquí la cosa ha embogit.

ASHLEY

El Reese feia uns crits tan forts que jo em pensava que s'havia tallat un dit o alguna cosa així.

I, com que jo soc la responsable de cuidar-lo, m'haurien caigut les culpes a mi.

Vaig anar corrents a la seva habitació i va resultar que cridava tant perquè acabava d'aconseguir 100.000 blips en 10 segons.

114.692 BLIPS

CLAUDIA

Com que jo no era responsable de si el Reese es tallava un dit o no, vaig anar més lenta que l'Ashley. I en els cinc segons de més que vaig trigar a arribar a l'habitació del meu germà, el Reese havia aconseguit 50.000 blips més. Me'l vaig trobar mirant fixament la seva pàgina amb el comptador i no parava de cridar: «AIXÒ ÉS INCREÏBLE!».

168.006 BLIPS

REESE

Era una autèntica PASSADA! Estava pillant uns 10.000 blips per segon.

379.303 BLIPS

CLAUDIA

I cada segon que passava aconseguia un parell més de seguidors. I si feu la suma, això vol dir que cada dos minuts afegia tants seguidors com jo tenia al meu compte.

En aquell moment, no em vaig entretenir

a fer les sumes perquè estava massa enfeinada amb un atac de pànic, asseguda al sofà del menjador.

O com a mínim a mi em semblava que era un atac de pànic. El cor m'anava a CENT PER HORA i no podia ni respirar, i estava convençuda que em desmaiaria.

ASHLEY

Tota la situació posava els nervis de punta. Jo intentava que t'estiressis al sofà i que respiressis dins d'una bossa de paper, i també intentava que el Reese deixés de xisclar. Però al mateix temps havia d'intentar fer el sopar i plegar la bugada.

l'Ashley no és gaire bona a l'hora de fer mil coses alhora

CLAUDIA

Això de la bossa de paper em va anar molt bé. Més que res perquè era tan inútil que vaig haver de buscar a Google amb el mòbil «bossa de paper en un atac de pànic», per veure si entenia com era que la gent feia allò pensant-se que els ajudaria.

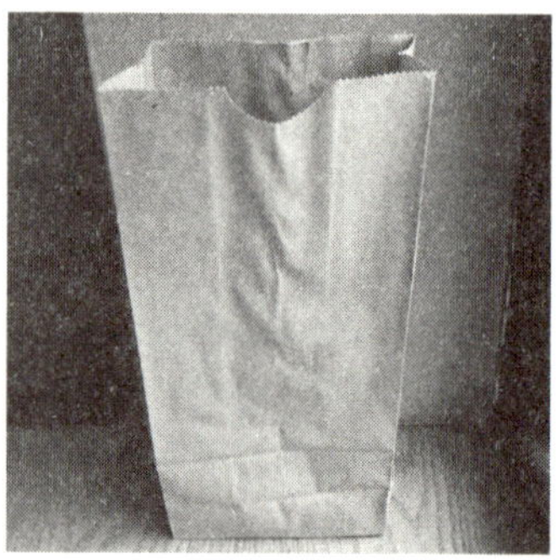

COMPLETAMENT INÚTIL EN UN ATAC DE PÀNIC

I això de llegir sobre atacs de pànic a internet em va distreure del meu atac fins que em vaig calmar. En canvi, el Reese NO es calmava gens ni mica. Només va aturar els seus xisclets durant l'estona que va enviar un missatge de text als pares, quan va aconseguir 1.000.000 de blips.

1.003.211 BLIPS

REESE I ELS PARES (missatges copiats del mòbil del Reese)

MEGAPASSADA! EL BEWBEWBOY M'HA FET UN REBEP I HE ACONSEGUIT UN MILIÓ DE BLIPS!!!

AL·LUCINANT!

P: Ah, molt bé, xato!

P: Explica'ns què vol dir?

VAIG PENJAR UN BEP I HA TINGUT UN MEGAÈXIT!!!

M: Des de quan tens un compte al BEP?

NO HO SÉ

DES DE SETEMBRE?

P Què és un BEP?

M No has de tenir com a mínim tretze anys?

NO PASSA RES,
VAIG FALSEJAR L'EDAT

M SÍ QUE PASSA, REESE. Potser
haurem de clausurar el teu compte

MAMA, NO FACIS AIXÒ!!!

TOTHOM FALSEJA
L'EDAT A LA XARXA

M Ja en parlarem quan arribi a casa

P No sé pas de què parleu

DE DEBÒ, TINC 1.000 SEGUIDORS!!!
I UN MILIÓ DE BLIPS

P: Algú em podria explicar
què és això del BEP?

NO EM POTS ESBORRAR! SOC FAMÓS!!!

M: Quin és el teu nom d'usuari?

MONSTREFLIPAT

P: Els blips i els BEP
són coses diferents?

M: A les vuit seré a casa i aleshores en parlarem

MAMA, DE DEBÒ, SISPLI, SISPLI, NO
ME'L POTS ESBORRAR PERQUÈ AIXÒ ÉS
EL MILLOR QUE M'HA PASSAT A LA VIDA

P: Algú podria explicar-me
què dimonis passa???

PREGUNTA-L'HI A LA MARE

P: Xata, m'ho expliques?

M: Ara tinc una reunió. Després t'ho explicaré.
Compra una mica de salmó per sopar

CLAUDIA

Quan la mare va arribar a casa, el Reese ja tenia uns 5.000.000 de blips i més de 5.000 seguidors.

4.959.777 BLIPS

5.233
SEGUIDORS

I allò era tan impressionant que la mare no es va atrevir a esborrar el seu compte, tot i que ell havia mentit sobre la seva edat. (Que, per cert, és veritat que és el que fa tothom. A mi em sembla que la reacció de la mare va ser exagerada).

Però el que sí que va fer va ser crear-se un compte del BEP per no perdre de vista el que passava amb nosaltres.

REESE I MARE I PARE (missatges de text copiats del telèfon del Reese)

Això és una bogeria. El Reese
té 5 milions de blips al seu compte del BEP?

Encara no sé pas què vol dir

Clica a aquest enllaç http://www.blurt.com...

Diu que m'he de registrar

Puc entrar al teu compte?

Eric, fes el favor

Vine a casa i mira-ho des d'aquí

Estic morta de gana i els nostres fills s'han trastocat. La Claudia està plorant per una mena d'aposta que ha fet i el Reese no para de córrer i xisclar

REESE

És clar que estava trastocat. Aquella nit no vaig poder ni dormir, perquè era SUPERFAMÓS!

CLAUDIA

Jo tampoc no vaig aclucar l'ull perquè havia BEGUT OLI. Al ritme que «Molí de vent» aconseguia seguidors, si volia equiparar-me al Reese, hauria hagut d'escriure, gravar i penjar els vídeos de 1.000 cançons.

I l'endemà va augmentar i ja haurien sigut més aviat 2.000 cançons.

CAPÍTOL 8
EL REI DE LA CANTINA

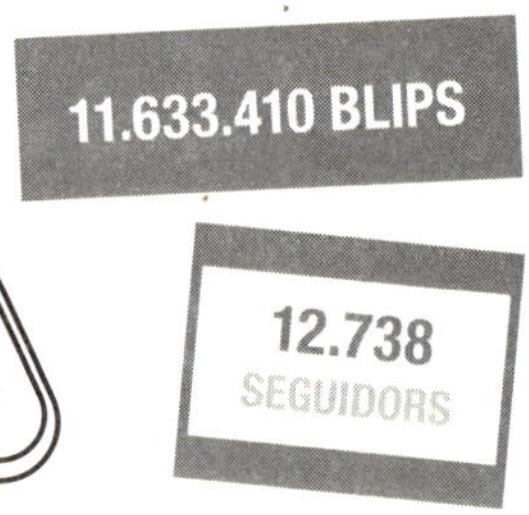

CLAUDIA

Quan va arribar a l'escola, el matí del divendres, el Reese ja tenia més de 10.000.000 blips i 12.000 seguidors al BEP. I tots els de l'escola li feien la gara-gara com si cos una mena de personatge cèlebre.

El Hunter i el Bryce una mica més i se li tiren al damunt. Del pal: «Et fas amb el BewBewBoy?» i «Quina mena de persona és?».

Tot plegat era ridícul. Perquè l'única cosa que havia fet el tal BewBewBoy havia sigut fer un reBEP al Reese. I, a més, viu a Finlàndia.

Després la Natasha va córrer cap al Reese i li va demanar si no li podia aconseguir el telèfon de l'Austin Flick. I allò encara era MÉS ridícul. Perquè tot i que l'Austin Flick havia fet un reBEP al Reese, el meu germà no tenia ni idea de qui era.

un munt d'estrelles del BEP van fer reBEP al Reese després del BewBewBoy

REESE

Quan vaig entrar a la cantina, un munt de noies se'm va apinyar al voltant, tipus: «Et ficaràs al BEPfest? Ens pots connectar amb Joey i Joey?».

I jo vaig i els dic: «NO tinc ni idea de què parleu».

Però el Xander va sortir amb: «[MIREU TIES, NOSALTRES PETAREM EL BEPFEST. SEREM ELS REIS DEL MAMBO, BUFONES!!!]».

hauria de ser Cody i Cody, el Reese va més perdut que jo en el món de les estrelles del BEP

CLAUDIA

El BEPfest és com un festival de música, però en comptes de ser amb estrelles de rock és amb personalitats del BEP. Se celebrava el dissabte de la setmana entrant, al pàrquing del Citi Field.

Jo ho sabia perquè feia SETMANES que la Parvati no parlava d'altra cosa.

EL PÀRQUING DEL CITI FIELD (lloc del BEPfest)
(imagineu-vos-ho ple d'adolescents xisclant,
en comptes de cotxes o seguidors dels Mets)

PARVATI

OSTRES, ostres, tots els meus herois del BEP hi serien! El Tyler, el Marcel, l'Austin, el Luke, el Jimmy, la Gina G, el Wendy Espatllat, el Cody i Cody...

CLAUDIA

I el Reese i el Xander!

No ben bé. Perquè encara que el Xander havia dit a les noies de la cantina que ells serien al BEPfest, l'única manera que hi podrien entrar seria si compraven una entrada. Els 12.000 seguidors del Reese podien semblar un fotimer als xavals del Culvert, però bàsicament no eren res comparats amb els milions de seguidors de les autèntiques estrelles del BEP.

I el Xander ni tan sols tenia seguidors. Cap ni un. Ni el mateix Reese el seguia.

XANDER

Perquè ho havia cedit. Per inflar la moguda del MonstreFlipat!

REESE

El meu nom de pantalla sempre havia sigut «MonstreFlipat». No només al BEP, a tot arreu. I el Xander sempre havia sigut MortSobtada.

Però quan vam decidir formar un equip, i el meu BEP anava pels 10.000.000 blips, el Xander va canviar el seu nom del BEP per MonstreFlipat _ X.

MonstreFlipat_X	0 SEGUIDORS	54 SEGUIDORS

Es va emprenyar força quan l'Akash li va dir si allò volia dir que ens havíem casat.

AKASH

Li vaig dir: «Si agafes el nom del Reese... vol dir que et quedaràs tot el dia a casa cuidant els petits MonstresFlipats?».

XANDER

Cap gràcia, tio. ZERO, ZERO GRÀCIA.

AKASH

Doncs sí que feia gràcia. Recordo que a la cantina tothom es va petar de riure.

(l'Akash no té cap simpatia pel Xander)

CLAUDIA

Que quedi clar, quan el Reese va dir-me, camí de l'escola, que ell i el Xander formarien un equip i que intentarien convertir-se en estrelles del BEP com el BewBewBoy i el Cody i Cody, el vaig advertir que era una idea pèssima. I no només perquè allò significava que trencava la seva promesa de no penjar més BEP fins que la meva aposta amb l'Athena s'hagués acabat.

REESE

Havia de penjar alguna cosa! Perquè, i no t'ofenguis, era claríssim que no guanyarien l'aposta. I ara que allò s'havia convertit en un èxit immens, el Xander tenia un munt d'idees per quan fóssim uns professionals i féssim cabassos de pasta amb els nostres BEP!

CLAUDIA

Quina mena d'idees?

REESE

Bé, encara no me les havia dit. Eren més aviat idees en general.

I era del tot possible! BewBewBoy guanya milions de dòlars a la setmana.

no és veritat perquè el BewBewBoy és finlandès i guanya euros i no pas dòlars

AKASH

És veritat que el BewBewBoy es fa una pasta gansa. Però és sobretot a través de MiVid. Perquè BEP no accepta publicitat i això vol dir que l'únic que et dona 10.000.000 de blips és el dret de fer el fatxenda. Per convertir aquests blips en diners, has de ser molt llest.

I això ja desqualifica el Xander i el teu germà.

CLAUDIA

Mentre el Reese era el rei de la festa i mitja escola bavejava davant seu i ja somniaven que s'havia convertit en un professional del BEP, jo m'amagava a la biblioteca de l'escola, per evitar les Fembots. Més concretament, m'havia ficat al passadís de referències. És l'amagatall perfecte perquè no hi entra ningú.

PARVATI

Jo ni tan sols sabia que existia un passadís de referències. És com una part secreta de la biblioteca, una mica com si fos Nàrnia.

PASSADÍS DE REFERÈNCIES (una mena de Nàrnia de la biblioteca)

CLAUDIA

El passadís de referències queda prou lluny de la taula del professor Finch, al lloc de préstecs, perquè la Parvati, la Sophie i jo poguéssim parlar en veu baixa sense que ningú ens amoïnés. I jo necessitava desesperadament parlar amb algú per veure com m'ho faria per no perdre l'aposta amb l'Athena.

Era evident que el Reese tenia raó: no hi havia manera humana de guanyar-lo. Però com que tots els de sisè m'havien vist comprometre'm amb l'aposta, si perdia sense plantar cara, seria una humiliació encara més grossa.

I no només seria un ridícul espantós, també destruiria la meva carrera política.

(soc la presidenta de 6è, en unes eleccions boges que van fer història, vegeu ELS BESSONS TAPPER VOLEN SER PRESIDENTS).

SOPHIE

Era evident que molta gent no s'ho prendria gaire bé si més endavant et volies presentar a la reelecció. Però si acabés penjant un BEP on deies que eres una incapaç i una estúpida, TAMPOC t'ajudaria gaire en els teus plans polítics.

CLAUDIA

Vaig pensar que potser hi hauria alguna manera de fer una martingala, com per exemple: si gravava «SOC UNA INCAPAÇ I UNA

ESTÚPIDA...» al costat d'unes obres al carrer i d'algú que fa anar un martell pneumàtic, ningú no entendria res del que deia jo.

SOPHIE

No funciona. I és perjudicial per a la campanya política.

PARVATI

Jo creia que ho volies deixar córrer massa aviat. Pensa que ets una cantautora SUPERBONA! I encara tenies dues setmanes senceres per convertir-te en una estrella del BEP!

És allò que diu el Marcel Mourlot: «Zi ho potz zomiar, ez pozible».

(Parvati imitant l'accent francès del Marcel)

EL GRAN MARCEL

Havies de fer el que havia fet el Reese: aconseguir que algun famós del BEP et fes un reBEP! Algú com el Marcel! Té 30 milions de seguidors! I ell seria al BEPfest!

L'únic que havies de fer era anar al BEPfest i demanar-li que et fes un superreBEP! Aleshores seria bufar i fer ampolles!

CLAUDIA

NO seria bufar i fer ampolles! Perquè quan em vaig connectar a la xarxa per veure si trobava entrades, vaig descobrir que l'única manera d'anar-hi era comprant les entrades «VIP Platinum» amb l'opció de «Coneix els Peixos Grossos». Però costaven 500 moniatos. I, EVIDENTMENT, JO NO TENIA 500 DÒLARS. I encara que els hagués tingut, ja no en quedava cap a la venda.

PARVATI

Jo m'havia pillat una entrada normal de 30 dòlars i passaria la nit acampada davant de l'entrada per ser la primera de la cua. I quan el Tyler Guapot volés per damunt nostre, amb el seu helicòpter privat, s'adonaria que jo soc la seva fan número u. I aleshores em vindria a buscar a la cua, em deixaria entrar darrere de l'escenari i m'oferiria maduixes per dinar.

SOPHIE

Com ho sabies, que vindria dalt d'un helicòpter?

PARVATI

No que no ho sabia. Tampoc estava segura d'això de les maduixes. Però ho vaig escriure a la meva fanstòria.

FANSTÒRIA: històries sobre personatges reals i també amb personatges de llibres/pel·lis/TV

PASSATGE DE LA FANSTÒRIA DEL TYLER GUAPOT

No ens havíem d'enamorar **©Parvati Gupta** **p. 4**

a la zona de darrere de l'escenari. Hi ha uns sofàs impressionants i teles de tota mena amb jocs per relaxar-se. Anem a seure a un sofà enorme i blau, i passem per davant d'Austin Flick. Ell juga a la Xbox.

–Ei, tio, com va? –diu el Tyler.

–Ei

–Aquesta és la Parvati. Ens acabem de conèixer.

–Ei, Parvati –diu l'Austin–. Un gustasso coneixe't.

–El gustasso és meu –dic jo, com si res, no vull quedar com una pringada.

Els coixins són tan còmodes que podria fer una becaina eterna.

–Tens uns ulls que són una passada –em diu el Tyler–. Quan els he vist des de l'helicòpter he tingut moltes ganes de coneixe't. Quin és el teu color preferit?

–El blau –dic jo–. El mateix blau que els teus ulls.

–No m'ho puc ni creure –diu ell–. També és el meu color preferit. T'agraden les maduixes?

–M'encanten! –li dic, perquè, a més, és veritat–. És la meva fruita preferida!

–Quina bogeria –diu el Tyler–. Som dues ànimes bessones.

Ell es treu el mòbil de la butxaca. Té una funda superguapa.

–Ostres, ostres, no pot ser! Tenim la mateixa funda!

Em trec el meu telèfon i l'hi ensenyo.

–No pot ser! –diu ell–. Quin és el teu nom d'usuari?

Li dic que és @parvanana. Li costa una mica d'escriure'l i li agafo el telèfon i li escric al ClickChat. Quan li torno el mòbil, els nostres dits es freguen un segon i és com si fos un corrent elèctric que no fa mal.

–Genial –diu ell–. Et seguiré. Uala, goita, un munt dels meus seguidors ara et segueixen a tu.

Em miro el seu telèfon. En cinc o sis segons hi ha centenars de seguidors...

CLAUDIA

Aquell matí no vam aconseguir solucionar el meu problema a la biblioteca. I tot i que vaig esperar fins a última hora per anar al meu armariet, al passadís de l'escola, l'Athena i les altres Fembots ja m'hi esperaven com voltors.

Quan em van veure, van posar-se a cantussejar: «BAIXANT DE LA FONT DEL GAT, UNA PERDEDORA I UN SOLDAT...».

Aleshores l'Athena va cridar: «EI, PERDEDORA, per què no enllesteixes el teu BEP ara mateix i així ja el tindràs a punt? Jo te'l gravaré!».

Jo li vaig respondre a crits: «Em queden dues setmanes, Athena!».

I ella: «Ja ho sé... i m'ho passaré bomba quan et vegi perdre!». I després totes van riure com una bandada de xacals malvats.

Vaig haver de fer grans esforços per no posar-me a plorar i vaig obrir l'armariet. I quina va ser la meva sorpresa quan vaig trobar-me a dins una nota que havia deixat un personatge misteriós.

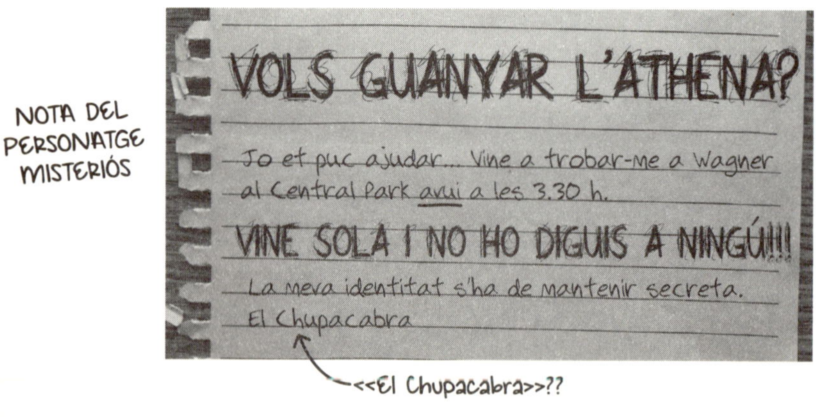

CAPÍTOL 9
EL MISTERIÓS CHUPACABRA

CLAUDIA

El primer que vaig sentir en veure la nota va ser una certa «esperança».

El segon sentiment va ser de «desconfiança», perquè vaig pensar que potser allò era una nova trampeta de les Fembots per embolicar la troca.

<<Chupacabra>> = <<xuclacabra>>

Però la Carmen em va explicar que «El Chupacabra» era una mena de criatura mítica, com un vampir, de Mèxic que xuclava la sang de les cabres. I tot i que m'era molt fàcil d'imaginar-me les Fembots convertides en vampirs fent un banquet a base dels animals d'una granja mexicana, vaig pensar que no era la mena de malnom que farien servir elles mateixes. Fins i tot en el cas que em volguessin enredar.

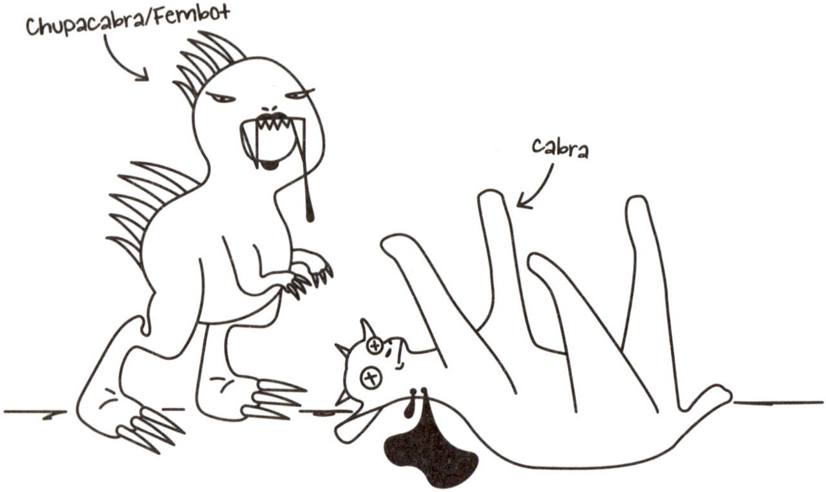

A més, estava desesperada. Per això vaig decidir arriscar-me i anar a trobar l'autor de la noteta. Però com que tot era molt sinistre, vaig endur-me la Parvati i la Carmen amb mi.

SOPHIE

Jo també hauria vingut, però tenia classe de ballet.

CLAUDIA

No t'amoïnis, Sophie. Ja sé que penques molt per poder fer el gran *jeté*.

La nota em deia que ens veiéssim a la Cova Wagner, que és un racó força amagat del Central Park, en un estany amb barques i una cabana on es reuneixen els joves.

COVA WAGNER: un bon lloc per a trobades secretes / punt on reunir-se amb la penya

Abans d'endinsar-nos pel caminoi que conduïa a la cova, vam agafar les claus de casa i ens les vam posar al puny, amb la part punxeguda com a arma, per si algú ens volia atacar.

PARVATI

Jo estava totalment a punt d'enfrontar-me a qui fos, però quan vam arribar a la cabana no hi havia ningú.

CARMEN

I jo vaig pensar: «Tot plegat, una presa de pèl».

Llavors, darrere nostre vam sentir una veu fonda, una mena de gruny forçat: «Et vaig dir que vinguessis sola!».

tal com parla Batman a les pel·lis

CLAUDIA

D'entrada, aquella veu em va esborronar.

Però, quan ens vam girar, vam veure que era ni més ni menys que el James Mantolini.

Cosa que era estranyíssima. El James és el xaval més estrambòtic que conec. I ara ens sortia amb això de dir-se «Chupacabra» i de convocar-me en aquell lloc secret, i amb això se superava en les seves rareses.

El James és el xaval de sisè que es posa en més mulladers. De fet, la raó de trobar-nos en secret era perquè tenia problemes amb la llei. I quan dic la «llei» em refereixo a la «subdirectora Bevan».

JAMES MANTOLINI, esvalotador professional

Tècnicament, tinc prohibit fer servir internet fins al final d'aquest curs. Si m'enxampen connectat amb qualsevol cosa que no sigui deures de l'escola, m'expulsaran.

Per això, si t'havia d'ajudar ho havia de fer absolutament d'amagatotis.

CLAUDIA

Per què et van prohibir que fessis servir internet?

JAMES

Això forma part d'un pacte entre els meus pares i l'escola, no en puc parlar. Diguem que la subdire Bevan ara és molt més conscient de la importància de les contrasenyes que abans. Sobretot en el seu perfil de cites en línia.

PARVATI

La subdire Bevan té un perfil de cites en línia?

JAMES

Sense comentaris. Ja he xerrat massa.

CLAUDIA

Tenint en compte el risc que corria, d'entrada no vaig entendre quina raó tenia el James per voler-me ajudar.

JAMES

Dues raons: no m'agraden les Fembots i, a més, també era una qüestió de diners.

CLAUDIA

El James va dir-me que, si jo guanyava l'aposta, ell volia la meitat dels 1.000 $ de l'Athena. A mi ja m'estava bé. Però jo tenia les meves reserves sobre la seva capacitat d'aconseguir-me 20.000 seguidors al BEP.

el Reese ja en tenia MÉS DE 8.000, des de l'hora d'esmorzar

19.986
SEGUIDORS

JAMES

Aleshores et vaig parlar del meu meme de l'«Escarabat inconvenient».

DICCIONARI

meme

meme | me-me | nom
una imatge, un vídeo, etc., que s'escampa ràpidament, quasi sempre via internet.

CLAUDIA

No havia sentit parlar mai de l'«Escarabat inconvenient», però ho vaig buscar a Google i vaig trobar milions de consultes.

JAMES

El vaig crear jo, aquest meme. Saps quantes consultes havia tingut l'«Escarabat inconvenient» abans que m'hi posés jo? Sis.

EL MEME DE <<L'ESCARABAT INCONVENIENT>>
(en vaig trobar dotzenes a la xarxa)

CARMEN

Quines bestieses! No m'ho crec, James, que fossis tu qui va crear aquest meme.

PARVATI

I jo tampoc.

JAMES

No cal que us ho cregueu, però en el fons jo sé que és veritat.

CLAUDIA

Jo estava massa desesperada i tant me feia si el James mentia. Per això li vaig dir que sí que el contractava. Després li vaig preguntar quin seria el proper pas.

JAMES

Jo vaig dir: «Abans que res, deixa córrer

això de fer més vídeos. Només n'hi ha de tres menes que es fan virals a BEP: els estúpids, els de violència i els de xiquets bufons».

CLAUDIA

Vaig dir: «De xiquet bufó jo no en tinc res. I la violència no m'agrada. Però potser sí que podria intentar-ho amb alguna cosa estúpida...».

JAMES

Vaig dir: «No ens podem arriscar. Has de moure't en els tres fronts, alhora».

Perquè si ets capaç de fer un BEP on hi hagi estupidesa, violència i xiquets bufons, aleshores ho PETARÀS.

CLAUDIA

Incloure'ls tots tres em semblava impossible. Però el James va dir que anéssim a pams. El primer que necessitava era un xiquet bufó que estigués disposat a ser l'estrella del meu BEP.

PARVATI

Jo vaig suggerir que fos el Reese. Perquè en el fons és bastant bufó, oi?

CLAUDIA

Allò no em va semblar gens bé. Ecs, quin horror! A més, les regles eren clares: el Reese no em podia ajudar. Per això, si ell apareixia als meus BEP, l'Athena diria que jo havia fet trampes.

CARMEN

Aleshores jo vaig suggerir el Jens. Perquè, a més de ser molt bufó, et devia un favor després d'haver-te destrossat el cor. Com que se sentia bastant culpable, era molt possible que el poguessis convèncer per tal que t'ajudés.

CLAUDIA

Això era veritat. D'ençà de la nostra ruptura, el Jens havia intentat que fóssim amics, altra vegada. Però tot i que a mi ja m'havia passat, vaig pensar que era preferible que no ens parléssim durant una temporada. Una cosa així com uns deu anys o més.

Quan el James va saber que el Jens i jo havíem tallat, em va preguntar: «Estàs emprenyada amb ell?».

«Més o menys», vaig dir jo.

JAMES

I jo vaig dir: «Estàs prou emprenyada per clavar-li una patacada al cap amb un bat de beisbol?».

CLAUDIA

Vaig dir: «Un bat de beisbol DE DEBÒ? No. Jo soc una persona pacífica».

JAMES

Llavors vaig dir: «I si fos un de mentida? Com aquells inflables de joguina?».

CLAUDIA

«Així sí», vaig dir.

JAMES

Amb allò ja cobriríem dos fronts: el xiquet bufó i la violència. Ara només ens faltava l'element estúpid per acabar-ho de rematar.

CLAUDIA

Vam rumiar un munt d'idees dolentes sobre «l'estupidesa» i llavors jo vaig recordar la disfressa del Flubby. El noviet de l'Ashley, l'Andy, també va fer estudis musicals a la uni, com l'Ashley. Pel que fa a la feina, avui

ALTRES
DOLENT
-sabates
de pallas.
-barret
còmic
-cantar
malamen
-fer el
-sorolls
-etc.

dia sobretot fa de cambrer. Però últimament també ha treballat a Times Square, disfressat de personatge de dibuixos animats.

Això ho sé perquè fa un cert temps l'Ashley em va ensenyar una foto d'ell al seu pis, disfressat del Flubby.

EL NOVIET DE L'ASHLEY, l'Andy disfressat del Flubby (no entenc per què va així per jugar a la Xbox)

Per a aquells de vosaltres que no vau tenir infància i/o no us deixaven mirar la tele quan éreu petits, el Flubby és un personatge d'un programa de tele que es diu AARDVARK AVENUE. Si aneu a Times Square, veureu almenys mitja dotzena de paios que s'estan allí, palplantats, amb una disfressa del Flubby, perquè els turistes s'hi facin fotografies i els donin una mica de diners.

Vaig pensar que probablement la disfressa de l'Andy m'aniria bé perquè ell és bastant baixet. no t'ofenguis, Andy!

A més, és supersimpàtic, i estava gairebé segura que em deixaria la seva disfressa.

JAMES

D'entrada, tot això pot sonar com una parida... però quan vaig sentir les paraules «disfressa del Flubby», «bat de beisbol» i «xiquet bufó» TOT va encaixar. Vaig tenir una visió increïble per a una història de terror amb el Flubby perseguint un xaval amb el bat de beisbol per tot el Central Park.

I vaig adonar-me que, si m'havien posat a la Terra, era per convertir la meva visió en una sèrie de BEP espatarrants i d'un èxit sense precedents.

PARVATI

Vaig tenir una sensació una mica estranya quan vaig veure aquella mirada de sonat que feia el James quan et va agafar per l'espatlla i et va dir: «Claudia, ET CONVERTIRÉ EN UNA SUPERESTRELLA!».

Després el James es va corregir: «De fet, no. Com que duràs la disfressa del Flubby, serà EL FLUBBY EL QUE ES CONVERTIRÀ EN UNA ESTRELLA!».

A mi allò no em quadrada. Perquè el Flubby JA era una estrella. Com a mínim, entre els xavals de pàrvuls.

CLAUDIA

És que amb el James les coses no quadren mai. Però com a mínim m'agradava el seu entusiasme.

I com més hi pensava, més em semblava que això de posar-me la disfressa del Flubby i de tustar el cap del Jens amb un bat de beisbol no només em serviria per fer-me viral i solucionar el problema amb les Fembots, sinó que potser també m'ajudaria a curar els mals d'amor.

Ara només em faltava convèncer el Jens perquè es deixés tustar per un personatge de dibuixos animats amb un bat de beisbol davant de milions (si hi havia sort) de persones.

+

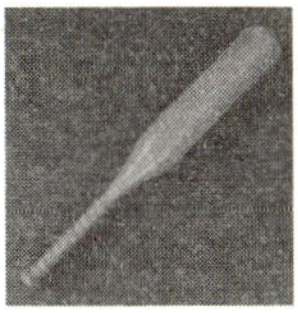

+

=

VICTÒRIA!!!
(també CURACIÓ)

CAPÍTOL 10 (HO INTENTEN) EL REESE I EL XANDER ES CONVERTEIXEN EN EXPERTS

CLAUDIA

Malgrat que tothom de l'escola bavejava davant d'ell, que havia aconseguit 15.000.000 blips i que tenia 2.000 seguidors quan vam plegar de l'escola aquell dia, malgrat tot això, el Reese estava ben tranquil i no havia perdut el seny. Sabia que havia tingut una xamba impressionant, i que el seu moment de glòria a internet s'acabaria tan abruptament com havia començat.

Per tant, era IMPOSSIBLE que el meu germà deixés que això li pugés al cap, i que s'obsessionés a convertir-se en una estrella del BEP, o que es deixés entabanar pel Xander sobre idees de fer diners, que patís el ridícul d'intentar-ho i, en general, que perdés el cap.

Ho deia de broma, perquè això és EXACTAMENT el que va fer Reese.

REESE

Aquell dia, a escola, em vaig passar l'estona demanant d'anar al lavabo, per poder so inventat d'un <<increment ràpid>>.

mirar d'amagat com anaven les coses al BEP, a través del mòbil. Perquè era fascinant això de mirar el comptador de blips! No parava de fer: «PIIIIIIIIIIIU!».

No podia deixar de mirar-ho fixament. Vaig desorientar-me del temps quan era al lavabo i, al final, la profe Berner va enviar el Dimitri per saber què em passava.

15.444.602 BLIPS

DIMITRI

Vaig veure els peus del Reese per sota la porteta del cubicle. Vaig trucar i vaig dir: «Estàs bé?».

I ell: «Toca el pirandó, xaval, que ho estic petant!».

I jo: «Eeeecs, quin fàstic! Ets fastigós!».

Però ell no ho va dir en el sentit que ho vaig entendre jo.

REESE

En acabar les classes vaig anar a casa del Xander per veure si descobríem una manera de fer passar allò del BEP a un nivell superior.

XANDER

I jo del pal: «És hora de convertir tots els seguidors pringats en pasta gansa!».

21.110
SEGUIDORS

CLAUDIA

Te n'adones, que tots aquells 20.000 seguidors eren del Reese, oi? Tu en devies tenir un parell, a tot estirar. O potser tres, si la teva mare et seguia.

XANDER

Que ets ignorant, Colònia! Jo i el Res COMPARTÍEM els seguidors! Érem un equip! I, a més, pencava jo. El Res no parava de mirar la fotuda pantalleta del telèfon i comptava blips. Vaig haver de buscar jo «Com fer pasta a BEP» i coses així.

malnom q el Xande dona al meu germ

article que va trobar el Xander a la xarxa

COM FER DINERS AL BEP

És la xarxa social més trepidant de totes, i les grans estrelles fan milions de dòlars amb els seus milions de seguidors. Series capaç de guanyar una morterada al BEP? Llegeix això i ho descobriràs!

I l'article que vaig trobar m'ho va dir. Només calia que pitgéssim l'apartat de: APARENCES, MARQUES i MARXANDATGE!

REESE

Aparences és un apartat del tipus tu apareixes en un lloc determinat. I la gent et paga per ser-hi. Com allò del BEPfest.

XANDER

Total, que vaig enviar això del BEPfest a la penya. I jo, del pal: «Ep, Monstresflipats, no hi falteu! Busqueu-nos en aquesta pàgina principal, no us despisteu ni feu conya!».

XANDER (email al BEPfest.com)

MONSTRESFLIPATS DISPONIBLES

De: MortSobtada@gmail.com

A: Marketing@BEPfest.com

Data: 03/13/17 4:35:06 PM EST

Assumpte: Monstresflipats disponibles per al BEPfest a NYC!!!!

COM VA BEPEROS!

MONSTREFLIPAT I MONSTREFLIPAT_X PODRAN ASSISTIR AL BEPFEST NYC LA SETMANA QUE VE.

TENIM ÈXIT PER DONAR I PER VENDRE (20.000 SEGUIDORS MÉS LA SETMANA QUE VE). APUNTEU-VOS-HI!

RESPONEU I DIGUEU-NOS QUANT ENS PAGAREU.

SOM DE LA ZONA I PER TANT NO NECESSITEM HOTEL. NOMÉS LIMUSINES I TOTA LA PESCA.

MONSTREFLIPAT_X

CLAUDIA

(sarcàstica) M'agradaria dir que em vaig quedar la mar de sorpresa quan vaig descobrir que ningú del BEPfest havia respost a l'email del Xander.

XANDER

Segur que va anar al correu brossa. Més els val, ningú se'n fot, del X-Man.

REESE

Llavors em surt amb: «I ara: MARQUES!».

XANDER

Marques vol dir tractes! El MonstreFlipat que ven productes a la penya!

REESE

El tracte és així, tu poses al teu BEP coses com: «M'ENCANTA BEURE GASOSA ÍMPETU. TOTHOM N'HAURIA DE BEURE!».

I després la marca gasosa Ímpetu et paga una morterada per anunciar el seu producte.

CLAUDIA

Molt bé... però perquè funcioni, has d'haver tancat el tracte amb la marca Ímpetu perquè et pagui abans de penjar-ho al BEP.

REESE

Sí, però a l'article que el Xander va llegir no hi deia això. Nosaltres vam fer el BEP abans.

Al MetaWorld no hi ha llaunes ni ampolles, i vam fer servir un tronc. Vam pensar que podia semblar una llauna de beguda.

Però va ser fotudíssim perquè qairebé no ens cabia el nom de la beguda al tronc, i el vam acabar escrivint a la paret. Després vam posar el meu avatar davant de la paret aguantant el tronc com si se l'anés a beure. Jo no estava convençut que quedaria bé. Però el Xander va i em diu: «DE CONYA, PENJA-HO I PODREM COBRAR!».

I ho vaig fer. Després el Xander va anar a la pàgina web de gasosa Ímpetu i els va dir que havien d'afluixar la mosca.

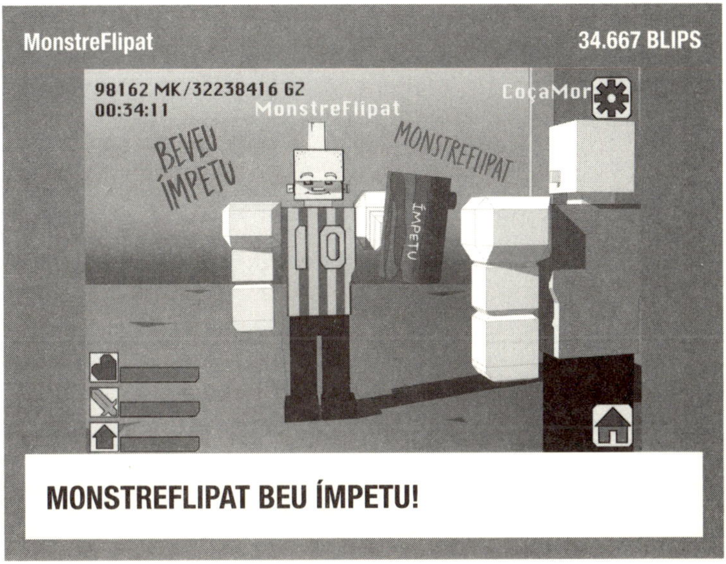

XANDER

Els de gasosa Ímpetu no tenien adreça d'email. Només un formulari que deia: «Gràcies pels vostres comentaris». Total, que el vaig omplir: «VAL MÉS que feu cas d'aquest comentari i que sapigueu que MonstreFlipat REPRESENTA la vostra marca. Mireu l'enllaç d'aquest BEP, després ja podeu afluixar la mosca o l'abella.

en aquest cas el Xander volia dir que <<els donessin diners>>

I encara no ens han contestat.

CLAUDIA

(sarcàstica)

Un cop més em sorprèn que els d'Ímpetu no els diguessin res o que els enviessin una «morterada» com a agraïment de tenir l'avatar del Reese que fa veure que beu un tronc.

REESE

Llavors el Xander va i diu: «Tercer pas: marxandatge». Bàsicament, vol dir vendre a la penya samarretes de MonstreFlipat, fundes de mòbil i coses així.

Jo ja estava molt a punt per a allò. M'imaginava que seria superguapo de passejar pel carrer i veure algú que porta la samarreta de MonstreFlipat. I jo li diria: «Ei, xaval que aquest soc JO! I picaríem de mans!».

Però quan el Xander va buscar a internet «com fer se ric venent samarretes en línia», va descobrir que era molt més fotut que això.

XANDER

A l'articlet del trons deia: «Cinc coses que heu de saber per vendre samarretes!». I la número u era aquesta: «No fareu gens de pasta amb això!». Ja no vaig ni llegir les altres quatre.

1. SI VENEU SAMARRETES EN LÍNIA, PROBABLEMENT NO US FAREU RICS

La part positiva és que és ben senzill com a negoci! La negativa és que amb uns marges de profit tan baixos i amb milers de competidors, el 99% dels venedors mai no guanyen més d'una quantitat molt modesta.

REESE

De camí a casa vaig pensar que fins i tot sense les samarretes, ens ho muntàvem la mar de bé.

Perquè m'imaginava que els del BEPfest ens pagarien una morterada per assistir-hi.

no, no us donarien ni un cèntim!

I els de la gasosa Ímpetu també ens pagarien perquè els anunciàvem al nostre BEP. no, no us pagarien

I que el nom BEP que havíem penjat tindria tant d'èxit com el primer. no, ni pensar-ho!

Total, que estava supercontent per tot el que passaria després.

li hauria valgut més no estar tan content, la veritat

CAPÍTOL 11
L'ATAC DELS SEGUIDORS

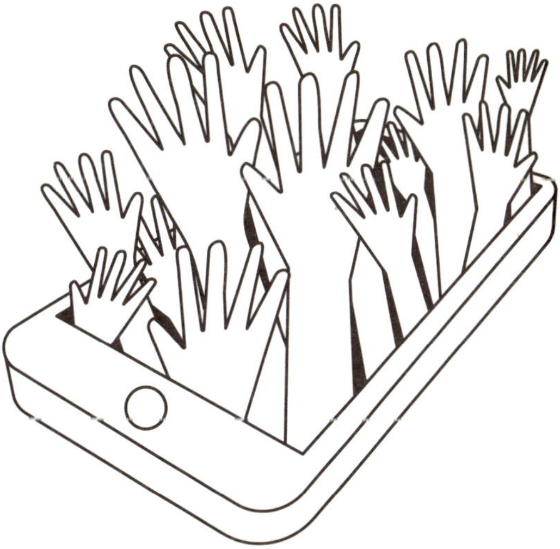

CLAUDIA

Un cop vaig ser a casa, aquella tarda, i em vaig haver assegurat que el noviet de l'Ashley estava d'acord a prestar-me la disfressa del Flubby, vaig enviar un missatge al Jens.

Aquella era la nostra primera comunicació oficial d'ençà de la ruptura.

CLAUDIA I JENS (missatges de text)

JO → Hola, com estàs?

Hola, estic bé! ← JENS

Fantàstic!

Si m'envies aq missatge,
vol dir que tornem a ser amics?

Potser sí. M'agradaria demanar-te un gran favor

Sí, el que vulguis

Tens feina aquest cap de setmana?

Un partit de futbol diumenge.
Però dissabte lliure

T'estaria bé que t'atonyinés el cap amb un bat de beisbol de mentida al Central Park mentre jo porto una disfressa del Flubby i la Carmen ho grava per penjar-ho a BEP?

Em penso que el meu anglès no és prou bo per entendre el que em dius

No és un problema del teu anglès.
És que és un favor molt estrany

Vols que juguem a beisbol al parc amb la Carmen i el Fluuber?

Potser sí que és culpa del teu anglès

Ara t'ho explicaré via FaceTiming, d'acord?

CLAUDIA

Em va costar una mica fer entendre al Jens el que li demanava. I encara vaig trigar més a convence'l perquè acceptés. Quan finalment va dir que sí, tots els de casa ja havien arribat. I com que era divendres, vam sortir a sopar a fora.

HAN DYNASTY: restaurant xinès molt bo i picant

El pare s'havia fet un compte al BEP per poder seguir el que passava amb mi i el Reese. O com a mínim intentar-ho, perquè a ell li costava molt entendre com funcionava això del BEP.

PARE I MARE (missatges de text)

M'he fet un compte!

Et seguiré. Quin nom d'usuari tens?

No en tinc cap

Això és impossible

És clar que en tens un

El meu és lamarehoveutotportatbé

Segueix-me i jo et seguiré

Com vols que et segueixi?

Clica al botó de cerca
i introdueix-hi el meu nom

No trobo el botó de cerca

A l'esquerra de la pantalla d'inici

No trobo la pantalla d'inici

Vinga, Eric!

Per a què serveix l'hamburguesa de formatge?

???????

Això no és una hamburguesa de formatge

Sí, n'hi ha una. El botó del mig de la pantalla

Això no és una hamburguesa de formatge

Diria que sí

Espera't, l'hi preguntaré a un xaval que té 25 anys, aquí a l'oficina, què és això

Acabo de clicar a l'hamburguesa i ha passat una cosa

No sé ben bé què

El xaval de l'oficina diu que és una boca. I si hi has clicat has fet un BEP.

He fet un què???

99% dels blips
són de la mare
del Reese
o meus

EL PRIMER BEP DEL PARE (penjat per accident)

CLAUDIA

Aquell vespre el sopar va ser un desastre. Deixaré que ho expliqui el Reese.

REESE

Els pares tenen aquesta norma que no podem fer servir els mòbils quan som a taula. Però un cop vam haver fet la comanda, vaig jo i dic: «Qui vol veure el meu nom BEP?».

Perquè la veritat és que estava molt excitat. No parava de mirar el comptador de blips; la cosa encara no s'havia animat gaire, però jo preveia que d'un moment a l'altre es dispararia.

BONES MANERES A TAULA

> **CONSELL D'EXPERT ~~D'INTERNET~~:**
> És de molt mala educació això de mirar el mòbil tota l'estona quan comparteixes un àpat amb altra gent

CLAUDIA

Una pregunta seriosa: com és que et pensaves que un BEP on apareix el teu avatar fent veure que beu un tronc tindria èxit? Vull dir, qui estaria interessat a mirar una cosa així?

REESE

Mmm... m'imagino que si ho penses bé... potser SÍ que és una carallotada.

Però com que l'últim BEP va tenir tant d'èxit, em pensava que passaria el mateix amb el segon. O una cosa així.

Bé, la qüestió és que vaig demanar als pares si podia agafar el telèfon per ensenyar-los el meu nom BEP. I ells, del pal: «Ja saps que a taula no volem telèfons!». Però jo vinga insistir. No parava. «Només dura dos segons. Au, va! He pencat molt per fer-lo!».

Al final la mare va dir: «Està bé, però el mirarem des del meu mòbil». Total, que es treu el mòbil i ella i el pare es miren el meu BEP.

CLAUDIA

D'entrada, els pares feien cara de desorientats. La mare va dir una cosa com: «Em penso que no ho acabo d'entendre...».

I el pare: «Per què es dona cops a la cara amb un tronc?».

REESE

Vaig començar a explicar-los de què anava la cosa. Però m'imagino que la mare va mirar més avall, per saber si hi havia comentaris. Perquè en sec va cridar: «REEESE, QUÈ ÉS AQUEST LLENGUATGE?».

CLAUDIA

Una de les altres regles dels pares, a més de «no mòbils a taula» és «no paraulotes a les xarxes socials». No només no ens deixen fer servir paraulotes a la xarxa, sinó que si hi ha algú que comenta el que hem penjat i diu paraulotes, els pares esborren el comentari d'aquesta persona.

Això és perquè creuen que tot el que fas a la xarxa reflecteix quina mena de persona ets. Si deixes que la gent digui paraulotes al teu ClickChat o a la teva pàgina del BEP, quan siguis gran i vulguis aconseguir una feina, els amos et buscaran a internet i descobriran que vas renegar i no et donaran la feina.

La veritat és que tenen força raó.

> **CONSELL D'EXPERT D'INTERNET:**
> No escriguis ni pengis res que no vols que el món vegi, incloent-hi els teus amics, enemics, avis, futurs empresaris, noviets i novietes, gent que encara ni has conegut, etc.)

REESE

Doncs jo no hi estic gens d'acord. Quan sigui gran seré un jugador de futbol professional o una estrella del BEP. Sigui com sigui, si dic o no dic paraulotes a la meva pàgina BEP, no influirà gens el meu futur.

les expectatives de futur del Reese no són gens realistes

CLAUDIA

Va resultar que el nou BEP del Reese NO tenia gens d'èxit entre els seus 22.000 seguidors. I així l'hi van fer saber. Per això, quan la mare va mirar la secció de comentaris, es va quedar esborronada perquè allò era un llenguatge de claveguera.

SECCIÓ DE COMENTARIS DEL BEP

174 comentaris (carrega'n més)

@lannyg **Ostres, això és una gran [redacted]**

@shadowmike **parida absoluta**

@cbaby24 [redacted] **pitjor que** [redacted] **!!!!**

@cherryoda **tifarada majúscula**

@MissyDeMeaner **de pena** [redacted]

@gabbyreads **i el tronc, per a què serveix?**

@cantankrus **Ja t'hi ca**[redacted] **amb aquest BEP** [redacted]

@chizvard **la mare que et va parir**

@Beloser **meeeeeeeeeeee**[redacted] **absoluta**

@BrandonHandon **quina** [redacted] **meeeeee**

REESE

La mare va perdre els nervis i em va dir: «Esborra aquests comentaris o et clausuro el compte ara mateix!». I jo: «quins comentaris?». Perquè no me'n recordava, que els BEP també PODEN TENIR comentaris.

Per això, vaig agafar el meu mòbil, però la mare va dir que no volia veure mòbils a taula.

Però allò no hi havia qui ho entengués. Com m'ho havia de fer per esborrar els comentaris si no podia fer servir el mòbil?

CLAUDIA

La mare s'agafa molt a pit això de «no mòbils a taula». Però TAMBÉ molt seriosament allò altre de «no paraulotes a les xarxes socials». I per això s'enfilava per les parets.

Va dir al Reese que tenia trenta segons per esborrar els comentaris que feien servir un llenguatge ofensiu. Però quan el Reese va llegir els comentaris, va adonar-se que el seu BEP era un desastre. I que la seva carrera com a estrella del BEP havia fracassat abans de començar.

I aleshores es va posar histèric.

REESE

No sabia què fer! I pensava: «He d'esborrar aquest BEP, però no puc! Perquè, què passarà si resulta que la gasosa Ímpetu em vol pagar? Però a tothom li sembla una caca. I què passarà si perdo els meus seguidors? Hauria de dir-los que em sap greu! Però la veritat és que es passen molt amb els seus comentaris! Per tant, m'hauria de defensar! I si els bloquejava a tots? He de parlar amb el Xander! I COM ÉS QUE LA MARE NO PARA D'ESBRONCAR-ME?

CLAUDIA

Bàsicament, aquell vespre el sopar va consistir en rotllets de primavera i ànec lacat, tot amanit amb crits i plors.

Va ser tan espantós que sis setmanes més tard a la mare encara li feia vergonya anar al Han Dynasty.

La mare ha llegit això i m'ha dit: <<Ens esperarem un mes més>>

Aquella nit, quan vam arribar a casa, el Reese va parlar amb el Xander, i va acabar esborrant el BEP de la gasosa i el tronc. I si hagués sigut llest, hauria entès que allò el depassava i que hauria hagut d'estar content amb el seu inesperat i incomprensible èxit amb el seu primer BEP. Que valia més que no ho volgués convertir en la seva carrera.

Però, per desgràcia, no va ser llest.

CAPÍTOL 12
EL JAMES MANTOLINI, ARTISTA VISIONARI DEL BEP

CLAUDIA

El Reese es va passar tot el cap de setmana en un estat de pànic per la seva carrera al BEP. Però jo no li feia cas perquè estava massa enfeinada i em fregia el coco dins de la disfressa del Flubby mentre el James Mantolini m'escridassava enmig del Central Park.

Cinc hores va durar, quatre hores i cinquanta-cinc minuts més llarg del que havíem previst.

Va ser molt desagradable.

JENS KUYPERS, jugador de futbol holandès / encisador actor amateur del BEP

Tota l'estona pensava: «Com és que això dura tant? Un BEP només és de dos segons!».

Ningú m'havia avisat que n'hauríem de fer 37.

Ah, i tampoc sabia que al James li agradava tant escridassar.

JAMES, boig professional / director de vídeos del BEP

No pots fer una truita sense haver trencat un ou abans.

I, a més, no perdia pas el temps. Tenia plans de crear el BEP més captivador i viral de tots els temps. L'objectiu era aconseguir 30.000 seguidors per al compte de la Claudia, i crear una experiència fílmica de format curt que fos INCREÏBLE i que revolucionés tot el mitjà, i que canviés la percepció que la gent tenia del BEP per sempre més.

Per tant, no em sembla que la pregunta vàlida sigui: «És que el James em va escridassar?».

La pregunta hauria de ser: «És que el James va aconseguir la seva visió creativa per al projecte, i alhora va obtenir la millor interpretació possible de mi?». El BEP parla per si mateix.

CLAUDIA

És veritat que els BEP van quedar impressionants. El James va crear tota una història d'un xiquet bufó que era perseguit per un Flubby enfollit per tot el Central Park, després ho va fragmentar en bocins de dos segons de BEP. I n'hi havia que eren per CARGOLAR-SE DE RIURE.

També eren estrambòtics i una mica esgarrifosos. Però d'una manera interessant.

fotograma de L'AMENAÇA PELUDA
(BEP #12de37)

JAMES

El títol oficial era *L'amenaça peluda*. En termes d'estil, hi havia moltes influències de l'obra del director italià Dario Argento. També dels dibuixos animats de Road Runner.

mosca = molesta, emprenyada

CARMEN, directora mosca

El James està massa pagat de si mateix. Es pensa que és l'Steven Spielberg, o una cosa així.

JAMES

Quina bestiesa! La meva meta era molt més alta que l'Steven Spielberg. Ell es limita a fer una pel·lícula cada vegada. Jo vaig fer 37 BEP, cada un era una història en si mateixa, però també era una trenta-setena part d'una narrativa més llarga.

L'AMENAÇA PELUDA

(#5de37)

CLAUDIA

La Carmen està molt amargada amb aquesta situació. Perquè és pensava que els BEP els dirigiria ella, com amb el vídeo musical.

Però, quan va aparèixer, el James li va dir que ella només podia dirigir «la segona unitat».

CARMEN

Encara no sé pas què vol dir. L'únic que sé és que el James és un monstre. I amb les dues horetes que el vaig sentir escridassant ja en vaig tenir prou. Per això vaig marxar d'hora.

JAMES

És una pena que la Carmen marxés abans d'hora. Hauríem necessitat que ens ajudés a mantenir els turistes a ratlla.

PRESA NO VÀLIDA

turista que va espatllar la presa

CLAUDIA

Els turistes eren un maldecap, i no només perquè s'aturaven allí al mig quan gravàvem.

Resulta que si vas disfressat del Flubby a la ciutat de Nova York, els turistes es pensen que hi ets perquè es puguin fer fotos amb tu.

I hi ha molts turistes que no parlen anglès. Per això, quan s'acostaven perquè es volien fer una foto, era molt difícil d'explicar que jo no era aquesta mena de Flubby.

Al cap d'una estona, vaig decidir que era més fàcil deixar que ens retratessin.

jo
(Flubby)

un turista que
no parlava anglès
i que va pagar
5 $ per la foto

Per altra banda, va estar la mar de bé que paguessin per fer-se les fotos. Vaig guanyar 30 $. Vaig donar els diners al Jens perquè em sabia greu d'haver-lo embolicat en aquella història. A més d'haver de suportar la gravació de cinc hores, va haver d'entomar les escridassades del James tota l'estona.

També em sabia greu perquè vam descobrir que fins i tot un bat de beisbol de mentida fa una mica de mal quan el fas servir per atonyinar algú.

L'AMENAÇA PELUDA
(#33 de 37)
(els crits del Jens són 100% de debò perquè jo em vaig engrescar una mica massa)

JENS

I jo pensava: «Està bé, el bat és de plàstic. Pot fer gaire mal?».

Però la resposta és: «I tant que pot fer mal!». Em va quedar el cap com un bombo durant tres dies.

JAMES

Ei, xaval, qui vol lluir ha de patir, i encara més si es tracta d'una qüestió artística com la nostra.

L'AMENAÇA PELUDA (#37de37)
(L'ÚLTIM FOTOGRAMA)

CAPÍTOL 13
EL REESE SALTA DAMUNT DEL TAURÓ

CLAUDIA

Mentre m'escridassaven al Central Park amb la disfressa del Flubby, el Reese i el Xander conduïen la seva carrera del BEP al següent nivell. Per desgràcia, el següent nivell va ser més baix que el primer.

REESE

Un cop vam haver esborrat el BEP de gasosa Ímpetu, vam decidir que havia de penjar més coses. El meu primer BEP encara aconseguia blips, però la cosa havia afluixat molt. I el nombre de seguidors s'havia quedat encallat a 25.000.

El que necessitàvem, doncs, era una segona part espatarrant. Volia fer una cosa que fos COM A MÍNIM dues vegades més divertida que el salt de la torre.

XANDER

Jo vaig i dic: «I per què no fas una torre el doble d'alta, xaval!».

REESE

Allò semblava una bona idea (mala idea). Total, que ens vam passar tot el matí del dissabte construint una torre ALTÍÍÍÍÍSSIMA al MetaWorld.

Però era tan alta que quan l'avatar del Xander va saltar, va trigar quatre segons a caure a terra. I els BEP només duren dos segons; per tant, no podíem fer-lo servir.

LA TORRE ALTA DEL REESE (MASSA alta, de fet)

Llavors vaig pensar: «I si xoqués contra alguna cosa molt de pressa?». Seria com la patacada des de la torre però en versió horitzontal.

Vam intentar encastar els nostres avatars contra la paret. Però resulta que no pots córrer prou de pressa per estampar-te contra la paret. Només piques la paret i fas «NNNNYEC».

Després vaig pensar: «I si sortís disparat d'un canó?».

XANDER

La idea del canó era fliiiipant! Però en necessitàvem un.

REESE

No us penseu que el MetaWorld és ple de canons, per aquí i per allà. Si en vols un, l'has de metaworlditzar tu mateix.

metaworlditzar: vol dir crear expressament al MetaWorld

I el Xander i jo no en teníem ni idea de fer una cosa així. Per això li vam demanar a l'Akash, perquè ell és un geni amb coses d'ordinador.

AKASH

Era dissabte a la tarda i jo estava repapat veient un episodi de *Capità*

Impossible quan, de sobte, em va arribar un missatge del teu germà al ClickChat.

MISSATGES DEL CLICKCHAT (XAT PRIVAT)

Reese MonstreFlipat Ei, Akash, què fas?

Akash AmigoGod mira...

MonstreFlipat Em podries construir un canó???

AmigoGod M'imagino que vols dir un canó al MetaWorld i no un de veritat, oi? O és que hi ha una guerra civil al teu edifici?

MonstreFlipat ai, perdona, a MW

MonstreFlipat no un de debò

MonstreFlipat vull sortir disparat del canó a BEP

AmigoGod Cap problema, però seran 50 moniatos

MonstreFlipat Ho dius de debò???

MonstreFlipat Això fa caguera.

AmigoGod Tens raó, 50 és massa poc. Diguem uns cent...

[MonstreFlipat ha convidat MonstreFlipat_X al xat]

Xander MonstreFlipatx Ei, Akaka no et passis amb la pasta, em sents? OVERCHARGN???

← el malnom que el Xander fa servir per a l'Akash

AmigoGod Ei, senyora MonstreFlipat, com va la vida de casada?

MonstreFlipatx NO FA CAP GRÀCIA

MonstreFlipatx NECESSITEM UN CANÓ, VAL?

AmigoGod Si el Xander hi participa, seran 200 moniatos

MonstreFlipatx VOLS QUE ET PETI EL COCO?

AmigoGod 300

Skronkmonster pots treure l'X?

MonstreFlipatx DE QUÈ VAS, TIO?

[MonstreFlipat ha bloquejat MonstreFlipat_X del Xat]

AmigoGod Ben fet

MonstreFlipat Me'l podries construir, sisplaaaaaaaaaaau? No tinc diners però és superimportant

AmigoGod T'ho faré per un 20% dels teus ingressos més un cigarro de xocolata de Hot & Crusty

la llaminadura preferida de l'Akash

MonstreFlipat Ingressos vols dir diners?

AmigoGod Sí, però no en guanyaràs ni cinc perquè no en tens ni idea. Però si em portés un cigarro de xocolata abans de 90 minuts, et construiré el canó.

REESE

Total, que l'Akash va construir un canó guapíssim.

AKASH

En realitat, no el vaig construir. Me'l vaig baixar d'un programa gratuït. Tot plegat en 30 segons. Però vaig aconseguir que aquells gamarussos em duguessin els cigarros de xocolata a casa, de franc! I allò va millorar molt la meva marató de *Capità Impossible*.

REESE

Fer un BEP amb el canó no va ser gens fàcil. D'entrada, perquè trigues molt més de dos segons per ficar-te dins del canó i disparar-te.

I la segona cosa: quan et dispares fora del canó, no surts disparat com un coet. El que passa és que el canó t'esbotza el cos en mil trossets. Però no d'una manera divertida sinó més aviat trista. I llavors el Xander va tenir una pensada genial. pensada genial del Xander = mala idea

XANDER

I jo vaig i dic: «Per què no et plantes davant del canó i que et voli el cap?».

REESE

Vaig posar el cap davant de barril del canó i em va rebentar el cap. Era com per morir-se de riure! Total, que vam penjar el BEP. I nosaltres convençuts: «Això sí que ho petarà!». BEP DEL CANÓ DEL REESE I DEL XANDER

I resulta que ho havia petat... quan el BewBewBoy va fer exactament el mateix BEP dos anys enrere.

... i EL BEP DEL CANÓ DEL BEWBEWBOY va ser el tercer més popular de la història... dos anys enrere

I m'imagino que a partir d'aquí milions de xavals el van copiar.

Per això, quan nosaltres el vam fer, això de fer-se volar el cap amb un canó ja no molava gens. Era més aviat un xurro. I ens van ploure un munt de comentaris desastrosos.

XANDER

Una CACA de comentaris, xaval!

SECCIÓ DE COMENTARIS DEL BEP

abans n'hi havia més de 100, però el Reese va haver d'esborrar els que contenien paraulotes

5 comentaris

@gabillegidora ostres, patètic

@shadowmike el BewBewBoy els hauria de demandar!

@SissMaleducada

@totmagrada va fer gràcia les primeres 7000000000000000 vegades!

@cantakarus PER POSAR-SE A PLORAR

23.861
SEGUIDORS

n'hi havia més de 25.000 abans del BEP del canó

REESE

La pitjor part no van ser els comentaris d'odi. El pitjor és que després de penjar-lo vaig perdre 1.000 seguidors. I allò em va aparanoiar. I jo, del pal: «La penya abandona, hem de penjar alguna cosa IMMEDIATAMENT!».

Però l'únic que ens quedava era allò de la torre superalta i durava quatre segons. Total, que ho vam partir en dues parts i les vam penjar.

I amb això vam perdre 3.000 seguidors més, perquè tothom ho va trobar espantós. Els comentaris de la penya eren: «Han saltat damunt del tauró!».

@DannysInVegas **uau, @MonstreFlipat ha saltat el tauró**

@espaviladet **iiii nosaltres també hem saltat el tauró**

@Delaltremón **el tauró tarat està amargat. «SALTES DAMUNT MEU?»**

Jo no sabia de què anava tot allò de «saltar el tauró». Ho vaig haver de buscar i el resultat va ser fatal.

DICCIONARI

saltar el tauró

Saltar el tauró | argot

És el punt en què en una pel·lícula o en una sèrie ja se'ls ha acabat el potencial creatiu i la cosa empitjora. Aleshores intenten incloure alguna cosa cridanera o impactant, com per exemple quan a la sèrie televisiva *Happy Days* el personatge de Fonzie salta damunt d'un tauró quan està fent esquí aquàtic. D'aquí ve la frase.

CLAUDIA

He de dir que això va ser tot un rècord. La majoria de sèries televisives no recorren a saltar el tauró fins a l'episodi número cent. El Reese i el Xander ho van fer després d'un BEP.

CAPÍTOL 14
L'AMENAÇA PELUDA EM SALVA LA VIDA

CLAUDIA

El dilluns, quan vam tornar a l'escola, el Reese havia caigut des del seu punt màxim de 25.000 seguidors a 21.000.

Allò prometia... però ell encara tenia 20.800 seguidors més que jo. Per això em moria de ganes de penjar els BEP de *L'amenaça peluda*. Havia estat donant la tabarra al James perquè em deixés començar des que vam acabar la gravació el dissabte al Central Park.

CLAUDIA I JAMES (missatges de text)

Ei, ja has acabat els BEP?

Gairebé tots, però ara
he de fer la postproducció

Em podries enviar els primers,
així els podré penjar?

Els posaré en un llapis de memòria
i te'ls duré a l'escola demà

No me'ls podries enviar ara mateix?

Que no has entès que
tinc internet «prohibit»?

Ah, perdona'm, és veritat

Mentre t'esperes hauries
d'apuntar-te a altres xarxes socials

Així pots inundar-les totes
amb els enllaços del BEP

Bona idea. On m'hauria de ficar?

De moment només
soc al ClickChat i al BEP

Apunta't a Ferpetarlaclaca, Xerroteig,
Parladorsassociats, Xerrameca.com i Kimchi

Tots aquests són de debò?

Sí

He anat a Kimchi i...
resulta que és coreà

Apunta-t'hi de totes maneres.
Fes servir Google Translate.

De debò?

Fes-me cas. *L'amenaça peluda*
serà tot un èxit a Corea

CLAUDIA

Em vaig apuntar a tots els llocs que el James m'havia dit, fins i tot a Kimchi.

Com a mínim EM SEMBLA que em vaig apuntar a Kimchi. Quan vaig escriure la confirmació del meu email, a Google Translate va sortir: «Enhorabona, ja pots fer servir la salmorra. Si no et funciona prem aquí».

Per tant, no sé ben bé quin és el meu estatus allí.

Després vaig enllaçar totes les pàgines web a BEP i això els conduiria a la meva gravació BEP. Però com que no vaig tenir el llapis de memòria amb les gravacions fins al matí de dilluns, vaig haver d'esperar fins que s'acabessin les classes per poder-ho penjar.

EL LLAPIS DE MEMÒRIA QUE EM VA DONAR EL JAMES

ALERTA D'ESPÒLIER: les orelles punxegudes seran molt importants més tard a la història

Quedaven onze dies perquè s'acabés l'aposta, i el James em va posar en un règim de quatre gravacions de BEP al dia. També em va dir quan les havia de penjar, quines etiquetes havia de fer servir, quin seguiment havia de fer dels comentaris i com havia de mentir perquè ningú pensés que jo hi tenia res a veure.

la història oficial: el meu cosí estrany m'havia demanat a mi i al Jens que els ajudéssim a fer la seva pel·li d'estudiant

JAMES

Des del punt de vista artístic, això de no poder acreditar l'autoria de la meva feina va ser molt penós. Però no tan penós com hauria sigut ser expulsat per la subdire Bevan si m'arriba a enxampar connectat a la xarxa.

I vaig pensar que sempre hi seria a temps, de revelar la meva identitat quan acabéssim aquest curs i *L'amenaça peluda* ja s'hagués convertit en un fenomen global.

CLAUDIA

Vaig penjar les primeres quatre gravacions del BEP cada dues hores, entre les 3.30 i les 9.30 del vespre de dilluns. I per ser un fenomen enorme i global, l'arrencada va ser més aviat modesta.

L'AMENAÇA PELUDA
(BEP #1de37)

De fet, l'arrencada va ser tan lenta que el matí de dimarts em vaig haver d'amagar a la biblioteca altra vegada abans de començar les classes per evitar que les Fembots es burlessin de mi.

I quan vaig passar pel seu costat, al passadís, abans de la segona hora, l'Athena em va cridar: «Com a mínim ho has intentat, Claudia; la pena és que el BEP era una autèntica porqueria!». Vaig notar com un fàstic a l'estómac perquè vaig pensar que potser sí que tenia raó.

Estava tan preocupada que, com que alguns trossos eren més divertits que els altres, li vaig proposar al James que canviéssim d'estratègia i que pengéssim els més divertits primer.

JAMES

Allò no tenia sentit. És com si li demanessis a Herman Melville que barregés els capítols de *Moby Dick* per fer que la balena sortís abans.

CLAUDIA

No sé de què em parles perquè no he llegit *Moby Dick*.

JAMES

No t'agradaria; no hi surten xiquets bufons.

CLAUDIA

Aquest comentari és molt sexista, James.

Fos com fos, en acabar les classes, els primers quatre BEP van començar a agafar empenta. Cadascun tenia més de 8.000 blips i havia aconseguit 75 nous seguidors.

I quan vaig penjar els #5-8, *L'amenaça peluda* va posar-se realment en marxa.

292
SEGUIDORS

PARVATI

M'agradaria dir que el número 6 és el meu preferit. Semblava una escena d'una pel·li de debò.

claudaroo
64.321 BLIPS

L'AMENAÇA PELUDA #6

WYATT

Els primers BEP eren estrambòtics. No entenia gens de què anava la cosa. Vaig preguntar al Reese: «Et sembla que la teva germana ha perdut la xaveta o una cosa així?».

Però quan van aparèixer els quatre següents i el Flubby va començar a perseguir el Jens, vaig canviar d'opinió, del pal: «Un momentet... això és una passada, una PASSADA TOTAL!».

JENS

Al principi, no me'ls vaig mirar perquè no tenia un compte. I, a més, encara em feia mal el cap pels cops del bat de beisbol. Preferia no pensar-hi més.

Però, després de l'entrenament de futbol de dimarts, van aparèixer els nous BEP i el Wyatt els volia ensenyar a tothom amb el seu mòbil. I tot l'equip: «Ostres, és fantàstic!».

Per això em vaig fer un compte, per mirar-los. I immediatament vaig aconseguir 50 seguidors!

CLAUDIA

Quan es van acabar les classes de

dimecres, sis dels vuit BEP tenien més de 40.000 blips, el #6 tenia 60.000 blips i ja gairebé havia aconseguit 1.000 seguidors.

992 SEGUIDORS

I quan vaig penjar els #9-12 la cosa es va disparar.

claudaroo 26.855 BLIPS

L'AMENAÇA PELUDA #10

Estava tan excitada que aquell vespre no vaig fer els deures.

MISSATGES DEL CLICKCHAT (XAT PRIVAT)

Parvanana Ostres, @claudaroo HAS VIST PER ON VAS, EN XIFRES???

claudaroo No m'ho puc ni creure i me les miro sense parar

claudaroo Totalment addictiu

claudaroo El BEP #10 ha aconseguit 25.0000 blips en dues hores!!!

c2_de_guti Encara que odiï el James, aquests BEP són boníssims. T'ho passes bomba mirant-los.

sophie_k_nyc ÒNDIA, MIREU L'ESTATUS DEL BEP D'INICI

Parvanana AAAAAAAAAH! @claudaroo T'HAS FET TRENDING TOPIC!!!

Parvanana #*L'amenaça peluda* ho peta!!!!!

c2_de_guti FABULÓS! ENHORABONA!

claudaroo ei, tios, no m'ho puc ni creure!

claudaroo #6 ha creuat la barrera dels 100.000 blips

claudaroo més de 1.200 seguidors

sophie_k_nyc Quants BEP més has de penjar?

claudaroo Un munt, en total són 37. Només n'he penjat 11 fins ara

sophie_k_nyc això és increïble! Així segur que guanyaràs l'aposta!

Parvanana HOSTI, HOSTI, AIXÒ ÉS UNA MEEEEEEEEEEEEEEE-GAPASSSSSSSSSSSSSSSSADA! IUUUUUUUUUPI!

CLAUDIA

Quan em vaig ficar al llit, a la pàgina principal l'etiqueta #Lamenaçapeluda feia dues hores que era trending topic, un parell d'estrelles del BEP n'havien fet un reBep, i ja anava pels 1.500 seguidors.

398.408 BLIPS

1.632 SEGUIDORS

El pla del James estava funcionant, m'estava fent viral. Total, que abans que la mare em manés de parar de fer servir les meves coses tecnològiques, vaig enviar un missatge al James per donar-li les gràcies.

CLAUDIA I JAMES (missatges de text)

Has vist les xifres?

Prohibit internet

Ai, és veritat. PERÒ ÉS AL·LUCINANT!

La pàgina principal de #Lamenaçapeluda és trending topic!

Gairebé 100.000 per al millor BEP!

1.600 seguidors!

I uns 20 BEP que encara has de penjar, oi?

Exacte

MOLTES GRÀCIES, JAMES!!! ETS UNA ESTRELLA DEL ROCK

Sí, és veritat

NO HO HAURIA ACONSEGUIT SENSE TU

No, no hauria funcionat

Però no ho diguis a ningú, que jo hi he participat

No, no, t'ho prometo 🙂

Si no és que volen fer un tracte per a una pel·li o TV

Amb això ja valdria la pena l'expulsió

D'acord

Enhorabona, seràs més famosa que el xaval que va mossegar el dit del seu germà

CLAUDIA

Ara que parlem de germans... mentre jo jeia al llit somiant en la meva victòria contra les Fembots, el Reese queia en una mena de forat negre, un malson del qual no tenia escapatòria.

I quan dic «un malson» em refereixo a la secció de comentaris de la seva pàgina BEP.

CAPÍTOL 15
EL REESE CAU EN EL FORAT DELS COMENTARIS

CLAUDIA

Mentre jo guanyava seguidors, el Reese en perdia. I ell sí que, a més, perdia la xaveta.

REESE

Tot va ser culpa de la mare, perquè és ella que no parava de dir-me que em clausuraria el compte si trobava paraulotes a la meva pàgina BEP.

Però cada cop que esborrava tots els comentaris amb paraulotes, els trols que els havien escrit ho tornaven a fer, posant-hi paraulotes MÉS gruixudes!

DICCIONARI

trol

trol | trol | nom

Una persona que penja expressament frases ofensives per molestar, ofendre o fer enrabiar, o per provocar altres usuaris de la xarxa.

SECCIÓ DE COMENTARIS DEL BEP

342 comentaris (descarrega'n més)

@tocaelsnassos [redacted] **@MonstreFlipat** [redacted]

@cantankrus [redacted] **!!!!!!!**

@Beloser [redacted]

@chizvard [redacted]

@BrandonHandon **Si em tornes a esborrar ja veuràs el que** [redacted]

CLAUDIA

Per què no els vas bloquejar els comptes?

REESE

És el que vaig fer, però tornaven a aparèixer amb altres noms d'usuari!

SECCIÓ DE COMENTARIS DEL BEP

52 comentaris (descarrega'n més)

@elguanyador **AI, POBRISSÓ, QUE ENS VOL BLOQUEJAR, A TOTS ELS DOLENTS QUE LI FEM POR**

@Brandon_Handon **Bloqueja això, @MonstreFlipat, pocapena i [redacted]**

@revenjadetocaelsnassos **NO ACCEPTES LA VERITAT**

@01chizvard **Ei, @MonstreFlipat, et diuen el tonto del poble, oi?**

@cantakarus25 **Ets un tros de [redacted]**

REESE

Allò em posava cada cop més nerviós. Del tipus, vaig esborrar 50 comentaris i una hora més tard, ja n'hi havia 50 més. Era una caca.

Total, que vaig demanar al Xander com ens ho podíem fer per desempallegar-nos dels trols. I ell va i diu: «Els muntaré un bon pollastre!».

I allò va acabar d'empitjorar les coses. Sobretot perquè els trols van començar a dir-se ells mateixos «MonstreFlipat».

SECCIÓ DE COMENTARIS DEL BEP

Xander

trols imitant el Xander

107 comentaris (descarrega'n més)

@MonstreFlipat_X VAL MÉS QUE TOQUIS EL DOS @01chizvard, SI NO VOLS TENIR PROBLEMES!

@MonstreFlipat_X A TU ET DIC EL MATEIX, @Brandon_Handon, ETS UN TITELLA!

@MonstreFlipat_Z ai, pobret nen petit, que s'ha cagat a sobre!

@MonstreFlipat_Z angué, angué, angué

@01chizvard ^^^^^ supernom d'usuari!

@MonstreFlipat_X NO ESTÀ GENS BÉ ESBORRAR EL NOM DE PANTALLA, ARA

@MonstreFlipat_B Això de B és per bebè!

@MonstreFlipat_B AI, AI, AI, EL REIETÓ DE LA MAMA, QUE NO SAP JUGAR A LA XARXA COM UN NEN GRAN!

@cantankrus25 AI, AI, AI, POBRET, ELL TAN BON NEN!

@MonstreFlipat_B EL MONSTRE PIXANER!

@MonstreFlipat_X No teniu dret a fer això perquè no sou el MonstreFlipat!

@MonstreFlipat_S La S és perquè Sí que ho podem fer!!!

@MonstreFlipat_P La P és per la Pena que fas!

@MonstreFlipat_Z M'HO ESTIC PASSANT BOMBA

REESE

Jo estava que m'enfilava per les parets i vaig bloquejar tots els noms d'usuaris de exceptuant la X per al Xander

@MonstreFlipat_A fins a @MonstreFlipat_Z. Però van començar a fer servir números. I no pots pas bloquejar tots els números, perquè els números són infinits.

Després d'això, l'únic que volia era aturar els trols. Dimecres a la tarda vaig fer tan mal paper a l'entrenament de futbol que l'entrenador Unger va preguntar-me si tenia cap problema a casa.

La veritat és que necessitava ajuda, com fos; per això vaig enviar un missatge al pare, per demanar-li consell.

REESE I EL PARE (missatges de text)

Pare, els trols no paren d'inundar-me amb comentaris i no els puc fer fora. Què he de fer???

Què són això dels trols?

I què és el que inunden?

Deixa-ho córrer, ja l'hi preguntaré a la mare

Què és el que he de deixar córrer?

REESE I MARE (missatges de text)

Mare, els trols no paren d'inundar el meu BEP i no sé com aturar-los!!

Bloqueja'n els comptes

Ja ho he fet però canvien de nom d'usuari

Intenta ignorar-los. Potser se'n cansaran al cap d'una estona

Ja els ignoro!!!

NO responc

Tampoc no funciona

Puc deixar d'esborrar les paraulotes? Em penso que això els empipa molt

NO, LES HAS D'ESBORRAR

REESE

Aquell vespre vaig esborrar uns 100 comentaris i vaig bloquejar tothom que els escrivia. Però continuaven comentant-ho amb altres noms.

A les 9.30 la mare va dir que m'havia de desconnectar aquella nit.

CLAUDIA

Els pares tenen la norma que no podem anar a dormir amb aparells electrònics connectats a l'habitació. Això és perquè no volen que ens passem tota la nit penjats a internet o que ens connectem abans de llevar-nos al matí.

ordinadors portàtils, mòbils, ipads, etc.

REESE

Vaig posar el meu portàtil a la cuina i me'n vaig anar a dormir. Però mentre jeia allí, no parava de rumiar: «Si això d'ignorar-los i esborrar-los no funciona... i les esbroncades del Xander, tampoc... potser hauria d'intentar-ho amb els trols i demanar-los que no escriguin més bestieses».

CONSELL D'INTERNET D'UNA EXPERTA:
NO DONIS CORDA ALS TROLS!
La mare tenia raó: si tens trols a la secció de comentaris, no intentis raonar amb ells perquè les coses empitjoraran.

Per això, em vaig esmunyir fins a la cuina i vaig agafar el portàtil d'on l'havia deixat la mare. Només volia escriure un missatge curt, però es va convertir en tota una altra cosa.

SECCIÓ DE COMENTARIS DEL BEP

134 comentaris (descarrega'n més)

@MonstreFlipat **ei, altres MonstreFlipats, podeu calmar-vos una mica. L'únic que faig és penjar uns BEP divertits. Si no us agraden passeu de mi i ja està. No faig mal a ningú i tampoc no em vull barallar**

@MonstreFlipat_05 **ai, ai que el nostre @MonstreFlipat està trist**

@MonstreFlipat_32 **ai, la criatureta!**

@MonstreFlipat_414 **ets el pitjor @MonstreFlipat de la colla!**

@MonstreFlipat **no sabeu el que us dieu.**

@MonstreFlipat_909 **els teus BEP són patètics**

@MonstreFlipat **a més te'ls has copiat del BewBewBoy**

@MonstreFlipat_909 **no ho vaig fer expressament i, a més, aquell ja el vam esborrar.**

@jenna_in_FL **@MonstreFlipat, a mi m'encanta el que fas. Passa d'aquests cretins!**

@MonstreFlipat **gràcies, Jenna, de debò!**

@MonstreFlipat_909 **ai, li ha sortit una defensora, ves per on!**

@balesfàcils **ets el millor, @MonstreFlipat, continua penjant coses!**

@MonstreFlipat **gràcies, @balesfàcils**

@MonstreFlipat_32 **què ha passat? Han obert les portes de la guarderia?**

REESE

Quan va aparèixer altra gent que em defensava, vaig pensar: «Això està superbé. Són de l'exèrcit contra els trols!».

Van començar a fotre canya als trols, i s'hi van tornar, alguns van començar a parlar de política, i la cosa cada cop era més confusa, i no parava, vinga, i abans que pogués reaccionar la mare era a la meva habitació, amb el pijama posat, i em va esbroncar: «ES POT SABER QUÈ FAS LLEVAT A AQUESTES HORES?».

I llavors em vaig adonar que eren les 3 de la matinada.

SECCIÓ DE COMENTARIS DEL BEP

2.113 comentaris (descarrega'n més) ← el nombre de comentaris ja era de bojos

@jenna_in_FL **la primera pel·li dels venjadors era la millor**

@MonstreFlipat_414 **no en tens ni *ideia***

@MonstreFlipat **ves a pastar fang!**

CLAUDIA

Després d'això, els pares van decidir que el Reese havia de descansar una mica del BEP. Per això li van confiscar tots els aparells tecnològics durant una setmana.

REESE

Me'n vaig alegrar, que ho fessin. Tot allò del BEP m'estava deixant grumfat. Quan vaig parar, l'únic que em venia de gust era sortir a l'aire lliure i seure en una roca i contemplar els arbres, coses així.

no estic segura de significat fet pols?

Però quan el Xander ho va saber, va flipar totalment.

XANDER

Jo, del pal: «Ara no pots passar, tio. Estic preparant un BEP que serà la BOMBA. Aquest cop sí que ho petarem del tot!».

REESE

El Xander estava obsessionat a fer un nou BEP. Quan li vaig dir que no podia connectar-me ni penjar res, em va dir que ja ho faria ell si jo li donava la contrasenya.

CLAUDIA

Però no l'hi vas donar, oi? Perquè els pares fa anys que ens diuen i ens repeteixen que MAI DE LA VIDA hem de donar la contrasenya a NINGÚ.

CONSELL D'EXPERT D'INTERNET:
MAI DONIS LA TEVA
CONTRASENYA A NINGÚ!
(encara que sigui un amic i
sembla que no hagi de passar res)

REESE

Sí, és clar... els pares tenien raó. És un bon consell, i tant de bo els hagués fet cas.

CAPÍTOL 16
QUÈ PODIA SORTIR MALAMENT?

CLAUDIA

Quan vaig descobrir, mentre esmorzàvem dijous al matí, que els pares havien prohibit al Reese l'ús d'internet durant una setmana, em va saber greu. El seu somni de convertir-se en una estrella del BEP s'estava fonent i ara, després de passar-se tota la nit combatent els trols, semblava que l'hagués atropellat un camió.

REESE

NO em trobava gens bé i em pensava que em cauria el cap dins del bol de cereals.

CLAUDIA

Pel que feia a l'aposta, no estava segura si la situació del Reese m'anava bé o malament. Per una banda, això significava que no podia penjar més BEP que es poguessin fer virals. Però, per l'altra, tampoc no podia penjar més BEP que allunyessin els seus seguidors com les rates que abandonen el vaixell que s'enfonsa.

Fos com fos, em sentia bé perquè les meves possibilitats eren bones. Havia aconseguit 600 seguidors durant la nit, i encara no havia penjat els meus millors BEP.

Estava especialment engrescada amb el #13, que pensava penjar en acabar les classes.

FOTOGRAMES DE L'AMENAÇA PELUDA #13:

el Jens em pren el bat

... i jo em trec un ganivet i amenaço el Jens (el ganivet era de mentida, d'una botiga de bromes)

NO HI HA IMATGE: el Jens llança el bat i fuig corrents

Quan vaig arribar a l'escola, vaig veure que a la cantina hi havia molt de xafardeig al voltant de *L'amenaça peluda*.

SOPHIE

Era com el primer matí en què el Reese va penjar el seu BEP. TOTHOM estava mirant els BEP, i agradaven molt.

JENS

Els meus amics em deien coses com: «Ei, TIIIIO, aquests BEP són una flipada!». I el mal al cap ja m'havia passat. Llavors vaig pensar: «Potser valia la pena i tot».

JAMES

Vaig tenir temptacions de dir que jo n'era el director. Era empipador, això d'haver de sentir els comentaris de tothom sobre la gran imaginació esbojarrada del teu cosí. Era la MEVA imaginació!

CLAUDIA

La millor part de tot el matí va ser la cara que van fer l'Athena i les Fembots quan van veure els BEP.

PARVATI

M'agradaria dir que n'hi havia per PIXAR-SE DE RIURE, quan l'Athena va acusar-te de fer trampes.

Va i diu: «No pots penjar cap BEP on no surtis tu!». I tu: «Soc jo la que duu la disfressa del Flubby!».

I ella: «PERÒ TU NO POTS SER EL FLUBBY!».

CARMEN

Aleshores tu vas agafar la llista de normes que havia escrit el Toby i vas dir: «Aquí no veig res que parli de Flubbies». I tota la penya a la cantina va dir: «Athena, perdràs!». I la cara que va fer, n'hi havia per LLOGAR-HI CADIRES!

CLAUDIA

L'Athena estava tan enfurismada que ella i les altres Fembots es van passar el dia intentant fer-me passar vergonya perquè amb la disfressa del Flubby se'm veia massa grassa.

ATHENA

Perdona'm, però no hi ha dubte que no et preocupes gaire de la pinta que fas. I aquella disfressa et quedava com EL CUL. Semblaves una vaca burra.

PARVATI

Hosti, hosti, no puc suportar l'Athena. No paraven de donar-te la tabarra, després de la tercera classe. Quin FÀSTIC de paies!

CLAUDIA

Sí, era bastant fastigós. Però també em feia sentir victoriosa. L'Athena s'adonava que estava a punt de perdre l'aposta.

A més, QUE SE SÀPIGA, la disfressa estava folrada. Però encara que no ho hagués estat, NINGÚ hauria de sentir vergonya del seu propi cos. Fins i tot si tens un cos com el del Flubby. Això de fer avergonyir la gent per culpa del seu aspecte és una cosa totalment malvada.

TOTS ESTEM LA MAR DE BÉ TAL COM SOM
(fins i tot el boig mig assassí del Flubby)

Però allò de voler-me avergonyir per culpa del Flubby encara em va fer agafar més ganes de córrer cap a casa i penjar més BEP. Quan vaig donar una ullada a l'app del meu telèfon, dalt de l'autobús de camí a casa, havia aconseguit 2.600 seguidors, i *L'amenaça peluda* #6 anava pels 150.000 blips.

Com que els BEP #13-16 eren per morir-se de riure, estava segura que les xifres es dispararien com un coet. Quan vaig arribar a casa, estava tan excitada que ni tan sols vaig berenar. Vaig anar directament a la meva habitació per penjar *L'amenaça peluda* #13 des del meu ordinador portàtil.

I va ser aleshores que em vaig adonar que alguna cosa havia sortit molt malament.

Les BEP de l'#1 al 12 havien desaparegut de la meva pàgina. En comptes d'això, hi havia un requadre lleig i negre:

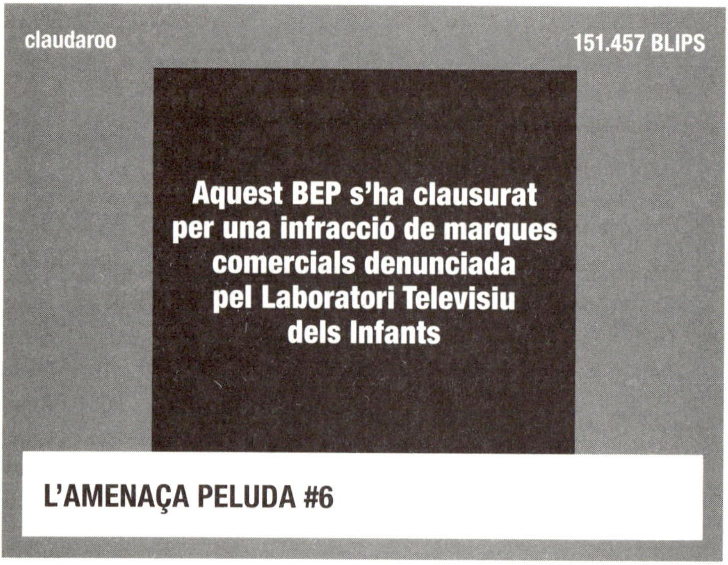

ASHLEY

Us puc assegurar que mai havia sentit un xisclet humà de tanta potència en tota la meva vida. Jo era a la cuina quan et vaig sentir, i el primer que vaig pensar va ser això: «Aquest cop és evident que la Claudieta s'ha tallat un dit. O potser la mà sencera».

CLAUDIA

Quan l'Ashley va entrar a la meva

habitació, jo ja havia llegit el missatge legal del BEP als meus missatges directes:

@BEPLEGAL per a @claudaroo (missatge del BEP)

ATENCIÓ

Hem rebut una denúncia d'infracció de marques comercials en relació amb els BEP penjats aquí i, a continuació, se n'especifiquen els detalls:

Denúncia del Laboratori Televisiu dels Infants en relació amb el mal ús de la marca registrada FLUBBY™ DISFRESSA DEL PERSONATGE

BEP ID: kzVj235x2

BEP ID: xrDu733j6

BEP ID: abEq098p5

BEP ID: rtUs324i6

BEP ID: gbZf384d3

BEP ID: mdGi682e1

BEP ID: zjKm875m1

BEP ID: ptMl673d2

BEP ID: plTr473v1

BEP ID: lbVm385t9

BEP ID: xlFt890b4

BEP ID: ipZw190d8

TOTS
ELS MEUS
BEP DE
L'AMENAÇ
PELUDA

Si continua produint-se la infracció comercial, el resultat serà la cancel·lació del vostre compte. Si us plau, esborreu tots els BEP que no tinguin permís legal i abstingueu-vos de penjar altres BEP que continguin material sense llicència.

Si els vostres BEP han estat falsificats, teniu dret a una notificació de desacord. Heu de ser conscients que, d'acord amb la secció 512(c) de l'acte de copyright del Mil·lènium Digital, una falsificació voluntària pot exposar-vos a responsabilitat civil pels danys i perjudicis al titular dels drets.

El Departament Legal del BEP

CLAUDIA

El primer que vaig fer va ser posar-me en contacte amb l'advocat.

CLAUDIA I PARE (missatges de text)

PARE, AIXÒ ÉS UNA EMERGÈNCIA, SISPLAU, MIRA ELS TEUS EMAILS DE SEGUIDA

Estàs bé???

EN PLE ATAC DE PÀNIC

MIRA ELS EMAILS

Respira dins d'una bossa de paper

NO FUNCIONA

MIRA ELS EMAILS!!!

Ho acabo de fer

QUÈ VOL DIR?

PUC O NO PUC PENJAR ELS MEUS BEP?

Ara et trucaré

CLAUDIA

Quan el pare va trucar, em va fer MOLT de costat, i sé que no li va ser fàcil, perquè bàsicament m'havia ficat en un bon embolic. I va trigar una bona estona a calmar-me.

Va actuar com un pare excel·lent. Però com a advocat, em va decebre MOLT.

Però el que volia que fes ell era que demandés algú i/o aconseguís que un jutge emetés una ordre judicial, el que fos, per tal que jo pogués continuar penjant els meus BEP de *L'amenaça peluda*.

I, en canvi, ell va posicionar-se del bàndol del Laboratori Televisiu dels Infants.

ERIC S. TAPPER (és a dir, el «pare») pare / advocat de la Claudia

La llei és la llei, xata, i els del Laboratori Televisiu dels Infants tenen una política molt agressiva quan és el moment de protegir les marques comercials. Si no els agrada que el Flubby™ es vegi com un boig homicida desfermat, no ho permetran.

TM = trademark: el pare m'ha dit que a partir d'ara val més que posi això sempre que parli del Flubby™

Però t'he de dir que, com a pare, estic molt orgullós de tu. No hi ha gaires joves de dotze anys que hagin rebut una ordre de cessar i desistir de part d'una gran corporació. És tot un triomf.

CLAUDIA

Gràcies, pare. I em sap greu haver-te fet el ploricó quan tu estaves en plena feina.

PARE

No t'amoïnis, xata. Els pares serveixen per a això.

CAPÍTOL 17
NO DONIS MAI LA CONTRASENYA AL XANDER

(O A NINGÚ ALTRE, PERÒ ESPECIALMENT AL XANDER)

CLAUDIA

Mentre el Laboratori Televisiu dels Infants m'arruïnava l'estratègia del BEP, el Xander arruïnava la vida sencera del Reese.

REESE

No em va arruïnar la vida SENCERA. Només una mica.

CLAUDIA

Tant li fa. És evident que no li hauries d'haver donat la teva contrasenya del BEP.

XANDER

L'hauria pillat, xavals. La contrasenya del Res era «contrasenya»!

REESE

No era «contrasenya»! Era «Contrasenya123»! I «Contrasenya» era en majúscula!

CLAUDIA

Caram, Reese, que ets tonto o què?

CONSELL D'EXPERT D'INTERNET:

MAI FACIS QUE LA TEVA CONTRASENYA SIGUI <<CONTRASENYA>> (o tot el que sigui superfàcil) / altres contrasenyes dolentes: el vostre nom, el nom de la vostra mascota, la data del vostre aniversari, 123456, etc.)

REESE

Ja ho sé, punyeta! Deixa'm explicar la història!

Després que els nostres últims BEP fossin un desastre total, el Xander va pensar que el millor per tenir un gran èxit seria una col·lab amb una estrella famosa del BEP.

DICCIONARI

col·lab

col·lab | nom
Una col·laboració (sovint es fa servir quan una o més personalitats d'internet apareixen juntes en els respectius vídeos).

XANDER

El rotllo va de col·labs! Si el MonstreFlipat feia una col·lab amb el BewBewBoy, aconseguiríem uns 20 milions de visites de BewBewBoy al nostre BEP!

REESE

A mi em va semblar una bona idea.

CLAUDIA

A tu sí. Però no al BewBewBoy, perquè ell tenia MILERS de seguidors més que tu. Per tant, no li servia de res.

REESE

Vols que expliqui la història o només vols fer-me sentir ridícul?

CLAUDIA

Perdona'm, va, continua.

REESE

Total, que el Xander va enviar un MD (missatge directe) amb el BewBewBoy per veure si volia fer la col·lab.

primer MD del Xander al BewBewBoy

@MONSTREFLIPAT _ X a @BEWBEWBOY (MD DEL BEP)

> **EI, QUÈ HI HA BEWBEWBOY???**
>
> **VOLS FER 1 COL·LAB AMB EL @MONSTREFLIPAT???**
>
> **SERIA UNA PASSADA PERQUÈ SOM TOTS DOS ESTRELLES DEL METAWORLD I DEL BEP**
>
> **PODEM TIRAR-TE DALTABAIX DEL PRECIPICI A COMBAT MORTAL**
>
> **O ENS POTS TIRAR TU**
>
> **SIGUI COM SIGUI, SERÀ ÈPIC!!!**
>
> **DIGUE'NS ALGUNA COSA DE QUAN ET VA BÉ, A NOSALTRES DE 16-22 H. CIAO**

REESE

Jo estava superengrescat de fer-ho. El BewBewBoy és el meu ídol! Però no va respondre. Total, que el Xander va tornar a enviar-li un MD, 10 vegades.

14è MD del Xander al BewBewBoy, en un sol dia

@MONSTREFLIPAT _ X A @BEWBEWBOY (MD DEL BEP)

> **EI, TIO, QUIN PROBLEMA TENS?**
>
> **ET FA POR QUE EL @MONSTREFLIPAT ET FOTI UNA COÇA O QUÈ???**
>
> **DEU SER AIXÒ, OI?**
>
> **SI NO VOLS FER 1 COL·LAB, VOL DIR QUE ETS UN CUL D'OLLA!!!!!!!!!!!!**

REESE

Llavors el BewBewBoy va bloquejar el Xander perquè no li pogués enviar més MD.

I allò va fer emprenyar molt el Xander. Estava com una moto i em va dir: «Doncs fotem-li una coça, tant si vol com si no vol!!!».

Jo creia que no era possible, perquè si vols fotre una coça al cul d'algú necessites que el cul hi sigui.

Però el Xander va dir: «L'imitarem». I va crear un compte del MetaWorld així: «.BewBewBoy.». Després va fer un avatar que era idèntic a l'avatar del BewBewBoy.

fixeu-vos en els puntets

AVATAR DEL BEWBEWBOY DE DEBÒ

L'AVATAR IMITACIÓ DE BEWBEWBOY FET PEL XANDER

La nostra idea era que jo matés el fals BewBewBoy en un combat mortal, i després faria un BEP que seria tipus: «HE FOTUT UNA COÇA AL CUL DEL BEWBEWBOY!».

Però a mi no em feia gaire gràcia. Vull dir, si algú fes un fals MonstreFlipat i el matés, i després pengés un BEP on em clavaven una coça al cul, m'agradaria? M'emprenyaria com un mico. A més, els pares m'havien pres tot el material tecnològic. Total, que li vaig dir al Xander que no ho podia fer, perquè no em podia connectar a la xarxa.

I ell va i diu: «Tu, tranqui i dona'm la teva contrasenya».

El Xander es va connectar fent veure que era jo i va demanar al Wyatt que fes de fals BewBewBoy.

WYATT

A mi tampoc no em va agradar gaire, la veritat. Perquè tenia por que, si sabien que jo havia fet veure que era el BewBewBoy, tots els Bewbees em volguessin fer la pell.

REESE

Els Bewbees són un grup immens de fans del BewBewBoy. Són com una banda a la xarxa i més aviat fan por. Si mai parles malament del BewBewBoy a la secció de comentaris, els Bewbees se't TIRARAN al DAMUNT.

A més, una colla d'ells són hackers. I això vol dir que saben doxxar la gent.

DICCIONARI

doxxar

doxxar | verb
Obtenir info personal (l'adreça, el número de telèfon, fotografies, etc.) i després escampar-ho tot a internet, sovint amb la intenció d'assetjar, intimidar o venjar-se.

Amb això et poden fer la vida impossible. I no només a la xarxa.

CLAUDIA

Si esteu llegint això i us pregunteu: «És que el Xander està a punt de fer enrabiar un exèrcit enorme de trols amb poders terrorífics que cauran damunt del germà de la Claudia i intentaran destruir-lo com sigui?». La resposta és sí.

REESE

Qui explica la història, Claudia?

CLAUDIA

Ai, tens raó. Perdona'm!

REESE

El Xander va assegurar al Wyatt que no hi hauria manera que els Bewbees poguessin lligar el compte .BewBewBoy. a ell. I el Wyatt va dir: «D'acord».

Després van fer el BEP de la matança del BewBewBoy. Però no vaig ser jo, i tampoc no era el BewBewBoy. A continuació, ho van penjar al compte de MonstreFlipat.

Per assegurar-se que el BewBewBoy i tota la colla de Bewbees ho veiessin, van etiquetar-ho a la secció de comentaris.

SECCIÓ DE COMENTARIS DEL BEP

384 comentaris (descarrega'n més)

@MonstreFlipat **XAROP DE BASTÓ!!! BewBewBoy**

@MonstreFlipat **T'HA AGRADAT???? @BewBewprimer @BewBee_1000 @ElPoderósBew @BBB111 @Bewbonàs @ExèrcitBew @Bewéselmeupastor**

XANDER

No dic pas que fos una bona idea. Però el BEP estava aconseguint un munt de blips al principi. La penya captivada pel xaval dolent!

REESE

Sí, i tant, i tota aquesta gent em volia matar després de veure-ho!

XANDER

No dic pas que fos una bona idea! L'únic que dic és que era popular.

I, a més, no soc jo qui escull unes contrasenyes que són una caca de nen de bolquers.

SECCIÓ DE COMENTARIS DEL BEP

384 comentaris (descarrega'n més)

@ElpoderósBew Uala, @MonstreFlipat, vols morir-te????

@ExèrcitBew ESTÀS CUIT!

@BewBee_1000 ARA MATEIX COMENÇAREM A DOXXAR

@ElpoderósBew farà pupa!

@BewBewprimer Digues adeu a la vida @MonstreFlipat

@Bewbonàs Hosti, és tirat! La contrasenya és Contrasenya123!!!!

@BewBee_1000 Per pixar-s'hi!

@Allhailbewbew Estic a dins! Tinc tota la seva informació. La penjo al CHAN

@ElpoderósBew VINGA, SOM-HI!

@TheBewIsMyShepherd DESTRUCCIÓ TOTAL DE MONSTREFLIPAT EN 5...4...3...

CAPÍTOL 18
POSO TOTES LES MEVES ESPERANCES EN UN PAIO FRANCÈS

CLAUDIA

Mentre el Xander estava fregint el meu germà, jo intentava desesperadament alguna estratègia per derrotar l'Athena.

no literalment, però quasi bé

D'entrada, vaig tenir esperances que el James pogués refer *L'amenaça peluda* amb un personatge de dibuixos animats que no pogués demandar-me per haver-lo convertit en un maníac assassí.

CLAUDIA I JAMES (missatges de text)

Què et sembla si aconsegueixo una disfressa de l'Elmo i ho tornem a gravar?

Els advocats de l'Elmo probablement són pitjors que els del Flubby.™

Doncs què fem?

No tinc cap solució i ja no et puc ajudar més

És massa arriscat i no m'hi puc jugar un altre plet

Què vols dir «un altre» plet?

Re... Desaparec

Sisplau, esborra aquests missatges i oblida aquest número

CLAUDIA

Això va ser la nit de dijous. Divendres, em vaig despertar amb un mal de panxa que era 95% per culpa dels nervis.

l'altre 5% era per culpa d'una salsitxa de gall dindi que vaig menjar la nit del dijous

I la cosa va empitjorar quan vaig anar a l'escola. Les Fembots estaven tan excitades de poder-me fer la punyeta que una mica més i es pixen a sobre.

SOPHIE

M'ho va semblar només a mi o la Clarissa i la Ling t'esperaven a l'entrada per poder-te cantar «Baixant de la font del gat...».

CLAUDIA

És veritat, no paraven de fer-me la punyeta. Per això, em vaig haver d'amagar a la biblioteca altra vegada.

La Parvati va trobar-me allí i vam anar totes dues a la biblioteca de Narnia per planejar les últimes esperances per guanyar: el BEPfest.

PARVATI

En aquell moment, faltaven exactament 29 hores i 43 minuts per al BEPfest. Ho sabia perquè la meva app oficial del BEPfest tenia rellotge de compte enrere.

I EM MORIA DE GANES DE CONÈIXER EL TYLER GUAPOT, PERQUÈ SOC LA SEVA FAN NÚMERO 1 DE TOTS ELS TEMPS! AAAAAAAAAAH!

A més, estava totalment segura que el Marcel seria el teu cavaller de cuirassa relluent que et salvaria de les Fembots.

CLAUDIA

Vaig decidir fer el que la Parvati suggeria des de feia una setmana: anar al BEPfest, intentar trobar el Marcel Mourlot i convence'l per tal que fes un reBEP de «Molí de vent» als seus 30.000.000 milions de seguidors.

Però, si us he de ser sincera, soc tan ignorant amb tot això de les estrelles del BEP, que si no hagués sigut per la Parvati, ni tan sols hauria sabut que el tal Marcel era el més indicat per demanar-li un reBEP.

PARVATI

El Marcel era perfecte! Ell SEMPRE dona un cop de mà als seus fans, i constantment fa reBEP per ajudar-los a realitzar els seus somnis. Per exemple, jo diria que el Brian Messer no seria avui dia una estrella si no hagués tingut l'ajuda i els reBEP del Marcel.

REBEP fet pel Gran Marcel
BrianMesser
12.942.714 BLIPS

QUIN CUL MÉS BUFÓ! (clica per anar a l'enllaç del vídeo!!!)

943 comentaris (descarrega'n més)

@ElGranMarcel **PENSO QUE EL @BRIANMESSER ÉS COLLONUT I NOMÉS TÉ 17 ANYS PERÒ MOLA I LA SEVA CANÇÓ «QUIN CUL MÉS BUFÓ!» CANVIARÀ EL MÓN, DONEU UNA ULLADA AL MIVID!!!**

I jo estava tan EXCITADA que anessis al BEPfest. Un cop el Marcel et fes molts reBEP, «Molí de vent» es convertiria PER FI en un gran èxit. Seria una cosa que et canviaria totalment la vida! I també estava engrescada per mi, perquè em semblava molt millor anar-hi amb el teu pare que amb el meu.

CLAUDIA

Al principi havia de ser el pare de la Parvati que la dugués al BEPfest. Però aquell dia estava de guàrdia. Això significava que, si algú hagués necessitat un metge ortopèdic d'urgència, ella hauria hagut de marxar abans d'hora.

Per això ella volia algú que no posés en perill la seva gran oportunitat de conèixer el Tyler Guapot. I com que la mare de la Parvati havia de dur l'Akash a una celebració de robots a Scarsdale aquell mateix dia, i la meva mare en sap un niu d'evitar fer coses que no li venen de gust, ens va acabar acompanyant el meu pare.

MARE I PARE (missatges de text)

> Què et sembla si demà acompanyo el Reese al seu entrenament de futbol?

Ah, perfecte!

Molt bé, doncs. Tu t'hauràs de quedar amb la Claudia i la Parvati

Potser les duré al cinema

No, les has de dur al BEPfest

I què dimonis és això?

És una mica complicat d'explicar. Busca-ho a Google

NOOOOOOOOOOO

CLAUDIA

Per desgràcia per a la Parvati i per a mi, el pare és un advocat amb un amo dolent. Per això, va haver de fer un munt de feina des de casa dissabte al matí abans de poder-nos acompanyar. I per culpa d'això vam sortir MOLT més tard del que hauria volgut la Parvati.

PARVATI

Claudieta, ja saps que el teu pare em cau superbé.... i que ja entenia que era millor no acampar allà la nit abans, perquè és completament il·legal i no podíem fer cua abans de les cinc de la matinada... però hauríem hagut de ser-hi a les cinc, com a MOLT TARD.

CLAUDIA

Tens raó! Però si hem de ser justos, vam aconseguir ser-hi mitja hora abans que obrissin les portes, a les dotze del migdia.

PARVATI

Sí, juntament amb milions d'altres noies que JA ens duien avantatge! I vet aquí per què vam haver de canviar completament l'estratègia per aconseguir que el Marcel fes els reBEP i el Tyler s'enamorés de mi.

CLAUDIA

El pla original era arribar al BEPfest tan d'hora que hauríem aconseguit un lloc a tocar de l'escenari, on A) jo podria passar un llapis de memòria amb el vídeo de «Molí de vent», i B) la Parvati podria atreure l'atenció del Tyler Guapot de tal manera que ell s'acabaria adonant que eren dues ànimes bessones.

Però per més que vam córrer en direcció a l'escenari així que van obrir les portes, això va ser el màxim que ens vam poder apropar:

EL MÀXIM QUE ENS VAM PODER APROPAR A L'ESCENARI VA SER AIXÒ:

I la veritat és que no era gens a prop.

Aleshores vam canviar l'estratègia de «l'escenari» per la de «Coneix i Saluda».

Bàsicament, el BEPfest tenia dues parts. Hi havia l'escenari, on totes les estrelles del BEP feien el seu número, com cantar, ballar rap o quedar-se allà fent posturetes bufones. I després hi havia la botiga de Coneix i Saluda, on es podia saludar o/i fer-se fotos amb les estrelles del BEP.

Si tenies una entrada «Vip Platinum» de 500 $ o una entrada de «Bip d'Or» de 350 $, tenies assegurada la trobada amb totes les estrelles.

No cal dir que ni la Parvati ni jo no teníem cap d'aquelles entrades. Tampoc teníem una «Vip Bronze» de 100 $, que et garantia l'entrada, però no t'assegurava conèixer ningú.

Les nostres entradetes eren les de 30 $, bàsicament entrades de «No Vip». I amb allò no ens asseguraven res de res, però si ens passàvem prou estona fent cua davant de l'entrada, potser una de les estrelles sortiria 30 segons i potser ens podríem fer una foto plegats.

ATHENA, la persona més malvada del món

Ai, quina pena em feu! No teníeu el nivell de vip? Així que tu i la Pervendre us vau haver de quedar entre la massa de noietes desesperades que s'estaven fora de la botiga de Coneix i Saluda, com si fóssiu unes sensesostre?

nom horrible amb què l'Athena anomena la Parvati

SARCÀSTICA → De debò que se'm trenca el cor. Em sap TAN greu! Si et pot servir de consol, et deixaré reimprimir la meva foto del ClickChat on es veu com el Tyler Guapot m'abraça, així la podràs enganxar al teu quadernet.

RECREACIÓ D'ARTISTA DE LA FOTO QUE L'ATHENA VA POSAR AL SEU CLICKCHAT ON SE LA VEU AMB EL TYLER GUAPOT (volia que li pagués 500 $ de drets per reproduir la foto autèntica)

CLAUDIA

(també amb to sarcàstic)

Ai, gràcies, ets tan SIMPÀTICA. Però abans d'això em buidaria els ulls amb una forquilla.

PARVATI

Puc afegir un comentari? Estic segura que al Tyler NO li va fer cap mena de gràcia aquesta abraçada. A ELL, L'ATHENA NO LI FA NI FRED NI CALOR!!!

CLAUDIA

Bé, anem al gra, la qüestió és que ens vam passar les primeres dues hores del BEPfest palplantades fora de la botiga de Coneix i Saluda, per veure si es produïa el miracle. I, per cert, al meu pare li va semblar una bogeria. No parava de dir-nos: «No preferiu anar a la zona de l'escenari per veure el daixonses fer el dallonses?».

gentada al davant de Coneix i Saluda

PARVATI

El teu pare no s'empanava gens ni mica de què anava el BEPfest.

Però m'agradaria dir que mai no vaig dubtar que el miracle es produiria. Perquè la visualització és una eina molt potent. I vaig fer servir tot el meu poder mental per visualitzar com el Tyler sortia de la botiga i em veia.

A més, sostenia un cartell a la mà, perquè quan finalment el Tyler sortís, em veiés i vingués a parlar amb mi.

CARTELL DE LA PARVATI

CLAUDIA

He d'admetre que després de dues hores d'esperar-me, començava a estar d'acord amb el pare que allò era una bestiesa. Durant les dues hores, l'única estrella del BEP que va sortir-ne va ser un pobre desconegut i ni me'n recordo de com es deia.

PARVATI

Joey Buffata.

CLAUDIA

Tant li fa. Però vet aquí una cosa extraordinària: dues hores d'espera i, de sobte, EL TYLER GUAPOT VA APARÈIXER EFECTIVAMENT!

Quan el van veure, tothom va posar-se a xisclar. I em penso que el Tyler va veure el cartell immens de la Parvati perquè va venir cap a la nostra direcció.

PARVATI

No m'ho podia ni creure. Tota jo tremolava com una fulla. I dins del cap tenia una mena de gran foc d'artifici.

CLAUDIA

Jo ja sabia que alguna cosa èpica estava a punt de succeir, però això em vaig apartar una mica per agafar el meu mòbil i poder capturar el moment en què el Tyler s'obriria pas entre la multitud per abraçar la Parvati, o la miraria fixament als ulls o se l'enduria darrere de l'escenari per oferir-li maduixes, o el que fos.

Però quan em vaig girar altra vegada cap a la Parvati, amb la càmera a punt, ella ja s'havia desmaiat.

MOMENT EN QUÈ EM VAIG GIRAR CAP A LA PARVATI:

CAPÍTOL 19
EL PET AL BEPFEST

CLAUDIA

Quan la Parvati es va desmaiar, hi havia moltes noies que xisclaven entre ella i el Tyler. Per això, si voleu que us digui la veritat, no sé si ell es va adonar mai que la Parvati s'havia desmaiat només de veure'l.

Si se'n va adonar, és la persona més roïna de la Terra. Perquè si hi ha algú aguantant un cartell que diu que ETS l'ànima bessona, el mínim que pots fer és signar-li un autògraf damunt del cartell, oi?

Quan la Parvati va tornar en si, ja havia marxat. I a part d'estar molt emprenyada, semblava que estava bé. Però els de seguretat van insistir a avisar l'ambulància.

Això no és pas tan dramàtic com sembla, perquè l'ambulància era un carro de golf.

L'AMBULÀNCIA DEL BEPFEST (poca cosa, oi?)

ATHENA, força malvada de la humanitat

Un carro de golf??? Quina PRINGADA! Si jo m'hagués desmaiat, amb la meva entrada de VIP Platinum, m'haurien vingut a rescatar amb un helicòpter.

CLAUDIA

Gràcies per compartir això amb nosaltres, Athena. El carro de golf va dur la Parvati fins al post de primers auxilis, i allí l'equip mèdic del BEPfest van fer-la jeure una estona i li van donar una taronjada.

probablement no eren metges de debò sinó xavals estudiants?

PARVATI

Em van fer quedar allà mitja hora, cosa que era totalment desproporcionada! Ja em trobava bé! Vull dir, el Tyler ja havia marxat de la zona Coneix i Saluda. I tampoc passaria que el Cody i Cody em fes desmaiar una altra vegada.

BÉ, espero que el meu pare no s'enfadés amb el teu pare quan va saber això del desmai.

CLAUDIA

No t'amoïnis, el pare és advocat i ja està acostumat que la gent s'enfadi amb ell.

EL PARE EXPLICA AL SENYOR GUPTA QUE LA SEVA FILLA S'HA DESMAIAT

PARVATI

SENSE sarcasme (a la Parvati li va saber greu)

I em sap MOLT greu que haguessis de marxar de la zona de Coneix i Saluda abans que poguessis donar el llapis de memòria al Marcel!

CLAUDIA

No passa res. Estic convençuda que el Marcel no va sortir mai de la botiga de Coneix i Saluda.

Quan els metges/estudiants de medicina van donar d'alta a la Parvati, només quedaven cinc minuts perquè el Marcel Mourlot sortís a l'escenari. Total, que vam córrer cap a aquella zona i vam avançar a cops de colze per situar-nos al davant de tot.

Però no vam arribar gaire a la vora, la veritat. Quan el Marcel va aparèixer a l'escenari, vaig veure clarament que seria del tot impossible de passar-li el llapis de memòria amb el vídeo de «Molí de vent».

PARVATI

A tu et va agafar molt mal rotllo perquè érem tan lluny del Marcel.

Però aleshores et vaig dir que encara que fóssim massa lluny per DONAR-li el llapis de memòria, érem prou a la vora per poder-l'hi LLANÇAR.

CLAUDIA

Amb això tenies raó.

Probablement, però jo no n'estava segura. Perquè tot i que el llapis de memòria era molt fàcil de llançar, jo no era la millor llançadora del món.

Però la qüestió és que no tenia altre remei. Si no ho llançava, no tenia cap possibilitat de fer-li arribar al Marcel.

I quan el Marcel va dir a la multitud: «MOOOLT BÉ, ARA *CANTAGUÉ* LA CANÇÓ DIVERTIDA DE LA ZEBRA...», vaig pensar que era o ara o mai. Perquè un cop comencés a cantar la cançó de la zebra (el que fos) seria impossible d'atreure la seva atenció.

MOMENTS ABANS DE LLANÇAR EL LLAPIS DE MEMÒRIA

Llavors vaig cridar «MARCEL, ATRAPA AIXÒ!», tan fort com vaig poder i a les hores vaig llançar el llapis a l'escenari.

Ja us ho he dit, no soc gaire bona llançadora. Per tant, no pensava que arribés gaire a la vora d'ell.

I l'última cosa que podia preveure és que LI TOCARIA L'ULL.

Si hagués sabut el que va passar, MAI de la vida li hauria llançat el meu llapis de memòria amb les orelles punxegudes de Batman.

NO HAURIA HAGUT DE FER SERVIR EL LLAPIS DE MEMÒRIA DEL JAMES, AMB LES ORELLES PUNXEGUDES

PARVATI

OSTRES, OSTRES, va ser un desastre. El Marcel va caure de genollons, les mans a l'ull, mentre xisclava i cridava coses en francès.

I, en sec, tots els seus fans van començar a mirar amunt i avall, com si diguessin: «QUI HO HA FET? SI EL TROBEM EL MATAREM».

CLAUDIA

La Parvati va dir: «Hem de TOCAR EL DOS».

Tenia raó, i per això vam agafar el pare i vam sortir cap al metro cames ajudeu-me.

Jo estava tan acollonida que ens perseguissin els fans del Marcel que no vaig parar fins que no vaig ser al setè vagó que anava en direcció a Manhattan.

I va ser en aquest moment que la mare va enviar un missatge al pare dient-li que el Reese s'havia ficat en un bon embolic.

PARE I MARE (missatges de text)

Ja anem cap a casa perquè les nenes han volgut marxar abans d'hora. Es comporten d'una manera ben estranya

També he trobat que això del BEPfest era molt estrany

Però em sembla que la Parvati ja està bé

El Reese ha patit un atac d'un grup de hackers emprenyats

Què???

Ha començat quan
ma mare m'ha trucat

M'ha preguntat com era que el seu
net li enviava una foto d'un gos que
se li cagava damunt del cap

Estàs segura que no ha sigut
el Reese que ha fet això?

El gos caganer s'ha escampat per
tota la seva llista de contactes

Inclosos el director
i els professors del col·le

ÒNDIA, espera't que ara et truco

El Reese no pot entrar
al seu compte de correu.

Els hackers el controlen.

També han atacat els seus comptes
del BEP i el ClickChat

Per què no contestes al telèfon?

Estic a l'altra línia, intentant solucionar un problema amb la pizza

El problema de la pizza?

Hi ha algú que no para d'enviar-nos pizzes

Des de nou pizzeries diferents, fins ara

Espera't que han trucat a la porta de baix

Parlem d'aquí 10 min

Vinc ARA mateix

La policia acaba d'arribar

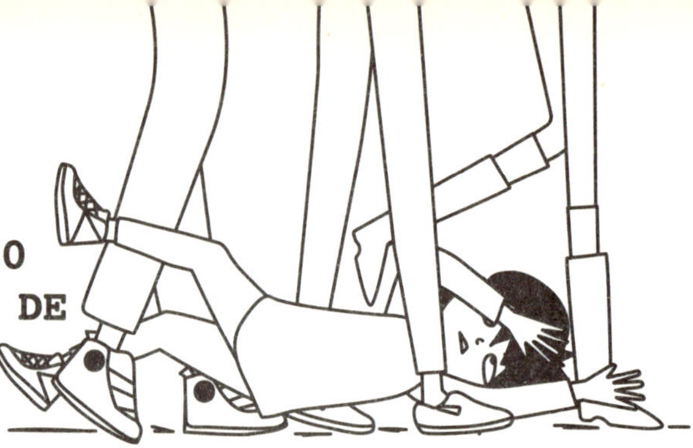

CAPÍTOL 20
L'EXÈRCIT DE BEWBEES AIXAFA EL REESE

CLAUDIA

Quan vam arribar a casa després del BEPfest, la policia ja havia marxat. La mare ens va dir que havien estat molt ben educats, però tot i això s'havia quedat molt espantada perquè ells s'havien presentat a la porta perquè una trucada anònima els havia informat que el Reese era darrere d'una sèrie de robatoris a mà armada.

POLICIES QUE ES PRESENTEN A LA PORTA DE CASA
(recreació d'artista)

REESE

Va ser una parida! Vull dir, jo ja sabia que els Bewbees em volien fer la vida impossible. Però no em pensava que arribessin a extrems com «enredar la bòfia».

CLAUDIA

Quan vas començar a adonar-te que els Bewbees t'estaven atacant?

REESE

Em penso que al partit de futbol d'aquell matí. Ens estàvem escalfant, i el Xander va i diu: «Ei, tio, com és que has canviat la teva contrasenya al BEP?».

I jo: «No l'he canviada».

I ell: «Doncs ALGÚ sí que ho ha fet».

Llavors vaig saber que passava alguna cosa. I després del partit vaig demanar-li a la mare si em podia tornar el meu mòbil durant un parell de minuts per veure si hi havia alguna cosa que no xutava al meu compte del BEP.

Quan vaig encendre el mòbil, el primer que vaig veure va ser un missatge de text del Wyatt.

WYATT I REESE (missatges de text copiats del telèfon del Reese)

OSTRES, COM ÉS QUE HAS PENJAT AIXÒ!!!

Penjat el què?

EL GOS QUE SE'T CAGA DAMUNT DEL CAP

Però q dius?

ESTÀ PENJAT AL XAT DEL CLICKCHAT

TAMBÉ HO HAS ENVIAT A TRAVÉS D'UN EMAIL???

REESE

Vaig intentar obrir el ClickChat, però l'app va i diu: «Contrasenya incorrecta».

I allò em va acollonir. Tampoc podia entrar al meu propi compte. I a l'app del BEP va passar el mateix.

I ja començava a agafar-me la paranoia quan va i em truca l'àvia. I, en sec, la mare va i em diu: «REESE, COM ÉS QUE LI ENVIES AQUESTA FOTO MARRANA A LA TEVA ÀVIA?».

A continuació, la mare va mirar el seu

correu electrònic i va i diu: «OSTRES, JO TAMBÉ L'HE REBUDA!».

CLAUDIA

Quina foto era? La del gos?

REESE

Sí, una de les del gos. Vull dir que una mica després hi havia com unes 10 versions diferents del gos caganer escampades per internet. Però totes elles feien servir la mateixa foto del meu cap que els Bewbees havien pispat del ClickChat.

CLAUDIA

I tots els gossos se't cagaven al cap?

FOTO DEL GOS (#3de10) (a la foto original hi apareixia el retrat del Reese de debò, i no un dibuixet)

REESE

No ben bé, de fet el meu cap ERA el cagarro, com si diguéssim... Vull dir que em cagaven A MI.

I no era només gossos. Van fer servir un munt d'altres animals, com, per exemple, vaques, cavalls, elefants... i rinoceronts...

Ei, un moment, no ho penses enganxar al llibre, oi?

FOTOS DEL RINOCERONT (amb dibuixet del cap)

CLAUDIA

És que ho havia de posar.

REESE

NO, NO EN TENIES CAP NECESSITAT!

CLAUDIA

I tant que sí! Aquest llibre tracta de totes les coses que et poden passar si no vas amb compte quan estàs connectat a la xarxa. Per això crec que la gent ha de veure les fotos de debò per adonar-se dels perills que existeixen.

REESE

I no podries dir simplement que eren repugnants? Vols dir que les has d'ensenyar?

CLAUDIA

Què et sembla si faig un dibuixet del teu cap i l'enganxo via Photoshop en comptes de la foto del teu cap i així es veurà com els gossos només caguen el teu dibuixet?

REESE

Si és així, sí. Però no facis que el dibuix se m'assembli gaire, eh?

FOTO DEL GOS / #7de10 / Aquesta és la meva preferida perquè el gos està rient

CLAUDIA

Tracte tancat. Què dèiem?

REESE

A veure... jo no tenia accés als meus comptes... les fotos dels gossos que cagaven el meu cap enviades a tothom del planeta... les pizzes que arribaven sense parar... i llavors van aparèixer els polis.

Però, en realitat, els polis no van ser el pitjor. Com que ja s'imaginaven que allò era la gamberrada dels hackers, em van posar en una llista perquè no haguessin de venir cada vegada que els hackers els passessin una denúncia falsa.

també som a una llista de <<no repartir pizzes a casa>> del Upper West Side ☹

Però jo diria que el pitjor que va passar va ser al MetaWorld. Els Bewbees van apoderar-se del meu compte, i quan el vaig recuperar, ja m'havien robat tots els meus goldzs, havien matat els meus soldats i havien cremat el meu castell.

goldz = els diners del MetaWorld

I també van descobrir quina mena de jocs m'agradava jugar i van començar a emprenyar-me. I quan em connectava per jugar a batalla mortal, m'aniquilaven en massa durant els primers cinc segons de la partida.

LA BANDA DE BEWBEES ANIQUILA EL REESE

Això va ser el pitjor de tot.

CLAUDIA

Em penso que els pares no hi estarien d'acord. Probablement et dirien que el pitjor va ser les hores i hores que es van passar intentant recuperar els teus comptes.

Per no parlar del fet que si entres a Google el nom Reese Tapper, l'únic que trobes són bèsties cagant el teu cap.

Això no serà gaire bona publicitat quan siguis gran i intentis trobar una feina, oi?

REESE

Suposo que no. Però diria que encara em queden uns anys de marge.

CLAUDIA

Fet i fet, l'atac dels Bewbees al Reese va ser devastador. Fins i tot setmanes després els pares encara havien d'intentar solucionar TOTS els problemes que havia ocasionat.

Personalment, jo em vaig passar tota la resta del cap de setmana submergida en una paranoia total. En part perquè el Reese és el meu germà. I tot i que de vegades ell resulta força emprenyador, em feien por totes les coses terribles que li estaven passant.

Però també estava acoquinada perquè pensava que potser els fans emprenyats del Marcel Mourlot estaven a punt d'atacar-me a mi DE LA MATEIXA MANERA.

CAPÍTOL 21
MARCADA AMB LA MORT PELS COMBATENTS DE L'AMOR

CLAUDIA

Tot i que la màxima preocupació a casa durant les següents 24 hores després del BEPfest va ser l'atac al Reese, jo no podia deixar de pensar sobre el fet que sense voler havia tocat l'ull del Marcel Mourlot amb un llapis de memòria molt punxegut.

Estava molt amoïnada perquè tenia por d'haver-li fet molt mal. I també tenia por d'haver comés un delicte i ja em veia els polis presentant-se a casa per arrestar-me.

Per això, el primer que vaig fer quan les coses es van haver calmat una mica a casa, va ser connectar-me i anar a la pàgina del BEP del Marcel.

Per sort, ell ja havia penjat un missatge dient que estava bé. O com a mínim que la lesió no seria permanent.

EL BEP DEL MARCEL: <<Tinc la còrnia una mica esgarrinxada però el meu cor eztà bé!!!>>

Això em va deixar molt alleujada. Però també em va despistar. D'entrada, no sabia què volia dir allò de «combatents de l'amor».

PARVATI

OSTRES, OSTRES, Claudieta, com pot ser

que seguissis el Marcel al BEP i no sabessis qui són els Combatents de l'Amor? Són els seus superfans! S'han batejat ells mateixos amb aquest nom perquè el Marcel diu que l'amor és el més important del món. I que si el vols, t'has de batre per aconseguir-lo.

O alguna cosa així.

CLAUDIA

O sigui que els Combatents de l'Amor són com la versió del Marcel Mourlot dels Bewbees?

PARVATI

Ecs! Què és això dels Bewbees? Sona fastigós.

CLAUDIA

Bé, deixa-ho córrer.

El primer cop que vaig veure el BEP del Marcel vaig pensar que no tindria cap problema. Perquè, a més de no estar greument lesionat, vaig pensar que no em denunciaria.

Però després vaig començar a llegir la secció de comentaris i em vaig quedar de pedra perquè vaig veure que els Combatents de l'Amor eren prou sanguinaris.

I sobretot volien la MEVA sang.

SECCIÓ DE COMENTARIS DEL BEP

2.743 comentaris (descarrega'n més)

@AnnieGrz **DÉU MEU, MARCEL, ETS MOLT VALENT**

@testimo100 **HEM DE DESCOBRIR QUI HO VA FER**

@emilyhenk **Clamem venjança!**

@NJCombatentdelamor **JO HI ERA I TINC UNA FOTO**

@emilyhenk **A la foto no es veu res**

@NJCombatentdelamor **SI L'ENGRANDIU ES POT VEURE UNA COSA QUE VOLA CAP A L'ESCENARI**

@CombatentdelamorMarcel **Fantàstic! Descobrirem el podrit gràcies a les nostres selfies!**

@lil.neenzas **tothom que hi va anar, que pengi les seves fotos!!!**

@CombatentdelamorMarcel **VINGA, COMBATENTS! Entre tots ho aconseguirem i destruirem l'enemic**

CLAUDIA

Quan vaig veure aquell panorama, una mica més i m'agafa un atac de cor. Com que PRÀCTICAMENT TOTHOM estava gravant amb el mòbil quan vaig llançar el llapis de memòria cap a l'escenari, perquè tard o d'hora apareixeria la meva imatge, i allò seria la meva ruïna.

Em vaig passar tot el diumenge pendent de la secció de comentaris del BEP del Marcel i veia com els Combatents de l'Amor cada vegada s'acostaven més a descobrir la meva identitat.

SECCIÓ DE COMENTARIS DEL BEP

2.743 comentaris (descarrega'n més)

@FlorisDiz **ei, penya em penso que ja la tinc**

això era el meu cap

@testimo100 **Oh, Déu meu, però si és una paia!**

@NJcombatentdelamor **QUE TOTHOM MIRI A LES SEVES FOTOS I BUSQUI UNA NOIA DE CABELLS FOSCOS DE NYC**

@FormBEP **Mmm... la majoria de noies de NYC tenen els cabells foscos**

@FlorisDiz **duu una camisa blau fosc de màniga llarga**

@FlorisDiz **també porta una faldilla amb una sanefa blanca i negra:**

(MAI MÉS PODRÉ POSAR-ME AQUESTA FALDILLA)

@NJcombatentdelamor **COMBATENTS, VINGA, SOM-HI!!!**

@CombatentdelamorMarcel **A l'ataaaac!!!! Ho pagarà moooolt car!**

CLAUDIA

Tenia tanta por que em vinguessin a buscar els Combatents de l'Amor que quan vaig rebre un missatge de la Carmen, el diumenge a la tarda, gairebé m'havia oblidat de l'aposta amb l'Athena.

CARMEN A LA CLAUDIA (missatges directes al ClickChat)

Jo

Carmen

ENHORABONA!!!

Enhorabona de què?

EL COMPTE DEL REEESE AL BEP S'HA ESBORRAT
PER TANT, TU GUANYES, OI???

CAPÍTOL 22
ARRABASSO LA VICTÒRIA DE LES DENTS DE LA DERROTA

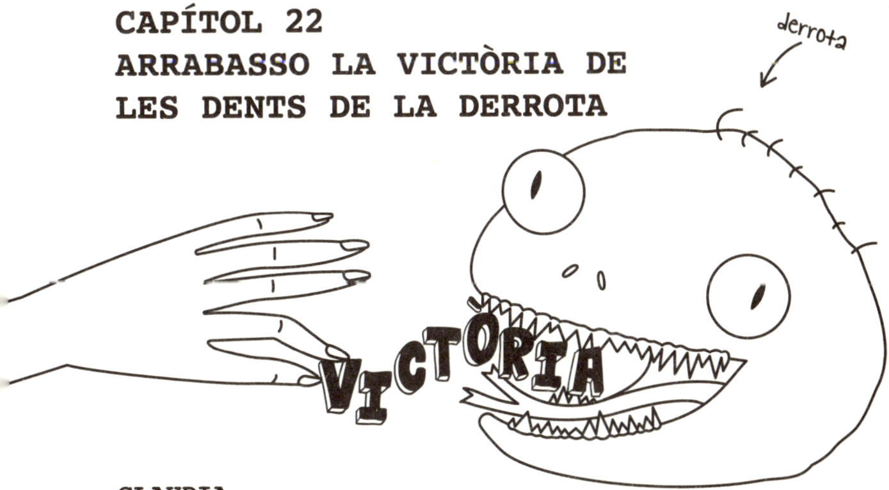

CLAUDIA

Abans que res, va ser tota una sorpresa que el compte del BEP del Reese hagués estat completament clausurat.

REESE

A mi no que no em va sorprendre. Els Bewbees devien penjar-hi tota mena de marranades i els responsables del BEP el van clausurar. El mateix va passar al meu compte del ClickChat, i al pare es va passar una INFINITAT de temps per aconseguir de reobrir-lo.

Després d'això va i em diu: «Vols dir que és tan important això del compte del BEP? Perquè ja n'estic tip d'esperar-me hores i hores per poder parlar amb algú de l'equip tècnic».

I jo que li dic: «Saps què? Deixa-ho córrer».

Perquè en aquell moment gairebé desitjava no haver sentit parlar mai del BEP.

CLAUDIA

Quan vaig descobrir que el Reese havia perdut el compte, el primer que vaig fer va ser estudiar bé quines eren les condicions exactes de l'aposta que havíem fet amb l'Athena.

L'únic que deia era això:

L'APOSTA

L'ATHENA APOSTA AMB LA CLAUDIA QUE QUAN ACABI EL CURS ESCOLAR, A LES 2.55 DE LA TARDA DEL DIJOUS 26, EL REESE (@MONSTREFLIPAT) HAURÀ ACONSEGUIT MÉS SEGUIDORS DEL BEP QUE LA CLAUDIA (@CLAUDAROO).

... i això:

REGLES

EL REESE NO POT FER TRAMPES O PASSAR EL SEU COMPTE A PRIVAT, TAMPOC POT AJUDAR LA SEVA GERMANA A GUANYAR, PERQUÈ, SI NO, ELLA PERDRÀ AUTOMÀTICAMENT.

De què NO parlava era de QUÈ passaria si el compte del Reese es clausurava perquè uns hackers se l'havien fet seu i hi havien penjat un munt de videosclips inapropiats.

(no estic segura de com eren els videoclips però probablement també eren una marranada)

Total que em vaig passar la resta de diumenge fent dues coses: A) visitant constantment la secció de comentaris del BEP del Marcel, per veure si els Combatents de l'Amor havien descobert qui era jo, i B) preparant-me per a una BONA discussió a la cantina, dilluns al dematí.

Perquè ja sabia que l'Athena no tiraria la tovallola tan fàcilment.

SOPHIE

Era una qüestió interessant. «Si un compte es clausura, quants seguidors té?».

És una mica com dir: «Si un arbre cau enmig del bosc i no hi ha ningú a la vora, fa soroll?».

PARVATI

Ei, tia, ÉS CLAR que fa soroll! I ÉS CLAR que la Claudia havia guanyat l'aposta! Si un compte desapareix, també desapareixen els seus seguidors!

CLAUDIA

Al final, l'amic del Reese, el Wyatt, va trobar la prova clau per al meu cas.

WYATT

No vaig connectar-me al BEP fins després que hagués començat l'aposta. Per tant, només estava seguint sis persones.

I, després que el compte es clausurés, la meva pàgina d'inici deia que només n'estava seguint cinc. I el Reese no era una d'elles.

PÀGINA DEL BEP DEL WYATT

CLAUDIA

En altres paraules, el Wyatt i totes les 19.000 persones que seguien el Reese van DEIXAR de seguir-lo quan el seu compte del BEP es va clausurar. I si el seu compte després es reactivava, hauria tingut zero seguidors. Per tant, jo guanyava.

ATHENA, la núvia de Satanàs

Ho sento però això és l'argument més idiota que he sentit mai a la meva vida.

CLAUDIA

Doncs tots els altres de sisè no pensaven pas el mateix.

ATHENA

Perquè són idiotes.

CARMEN

Tota l'escena a la cantina va ser INCREÏBLE. Per exemple, l'Athena va arribar a dir que el Reese s'havia fet clausurar el seu compte expressament.

REESE

I jo vaig i dic: «De debò creus que vaig enviar una foto d'un gos cagant la meva foto A TOTHOM DEL MÓN només per ajudar la meva germana? Ella tampoc m'interessa tant com això?». Sense ganes d'ofendre, eh, Claudia!

CLAUDIA

Tranquil. Em va ajudar molt que diguessis això. I que jo no exigís que l'Athena em pagués els 1.000 $ que em devia. No volia els seus diners, només volia que tot s'acabés d'un cop. Per això, vaig argumentar que ningú havia guanyat l'aposta i que valia més deixar-ho córrer.

I quan l'Athena va dir que això era inacceptable, vaig demanar que féssim una votació entre tots els que hi havia a la cantina.

CARMEN

Vas dir: «Que alcin la mà els que creguin que l'aposta ja no val». I gairebé tothom que hi havia a la cantina va alçar la mà, menys l'Athena i les altres Fembots.

Llavors l'Athena ens va insultar i ens va tractar d'idiotes i va sortir feta una fúria. Va ser divertidíssim.

CLAUDIA

És veritat. I encara hauria sigut millor si hagués acabat així... però allò no va ser el final de la història.

Per desgràcia, no ho va ser.

CAPÍTOL 23
ARRABASSO LA DERROTA DE LES DENTS DE LA VICTÒRIA

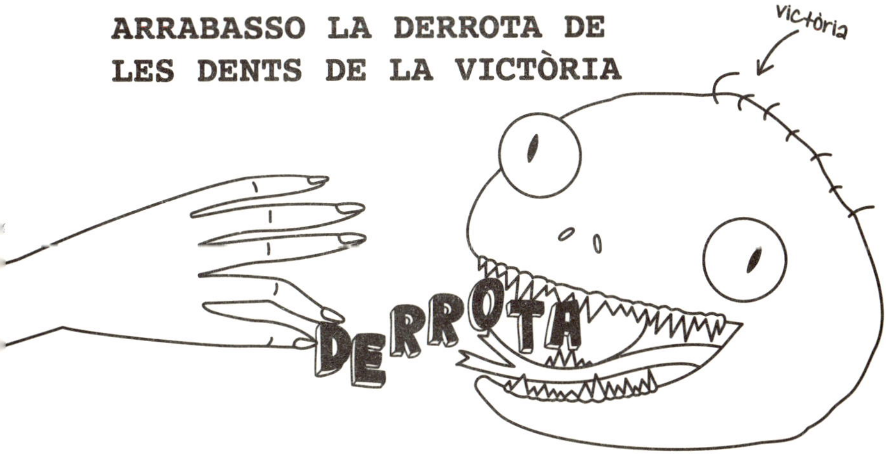

CLAUDIA

Després que l'Athena sortís enfurismada de la cantina, el meu malson del BEP ja s'hauria d'haver acabat.

Però aleshores a la Carme se li va ficar una cosa a l'ull.

CARMEN

Em penso que era una pestanya. No hauria d'haver sigut cap drama, però feia poc temps que duia lents de contacte, i quan em vaig fregar l'ull, la lent va ficar-se en un lloc estrany. A dins de la parpella o una cosa així.

CLAUDIA

La Carmen es va començar a esverar. Llavors la Parvati, la Sophie i jo vam acompanyar-la al lavabo per ajudar-la a treure's el que fos de l'ull. Davant del rentamans, la Carmen s'aguantava la parpella i la Sophie intentava veure què hi havia. I la Carmen: «QUÈ ÉS? HO VEUS?».

I aleshores la Parvati va fer una brometa.

PARVATI

Vaig dir: «Potser és un llapis de memòria». Era bastant divertit, oi?

CLAUDIA

No, gens divertit. No hi havia RES de còmic en la situació del Marcel.

Però hauria valgut més no fer-hi cas en comptes de voler-la fer callar. Perquè va ser en aquell moment que la Carmen i la Sophie van adonar-se que la Parvati i jo teníem un gran secret i van dir que els l'havíem d'explicar.

PARVATI

Puc dir una cosa? Jo NO els ho hauria explicat si tu no hi haguessis estat d'acord, saps?

CLAUDIA

Jo NO hi vaig estar d'acord! NO vaig dir ni sí ni no.

El cas és que al final la Parvati els va explicar tot el que havia passat al BEPfest. Fins i tot el fet que els Combatents de l'Amor m'estaven intentant localitzar.

De vegades, la Parvati és com una portera cridanera.

I com que estàvem tan capficades amb l'episodi de l'ull de la Carmen, no vam verificar si hi havia algú dins dels vàters.

Com, per exemple, una Fembot.

SEMPRE COMPROVA QUE NO HI HAGI NINGÚ AL LAVABO DE LES NOIES ABANS DE PARLAR D'ASSUMPTES CONFIDENCIALS

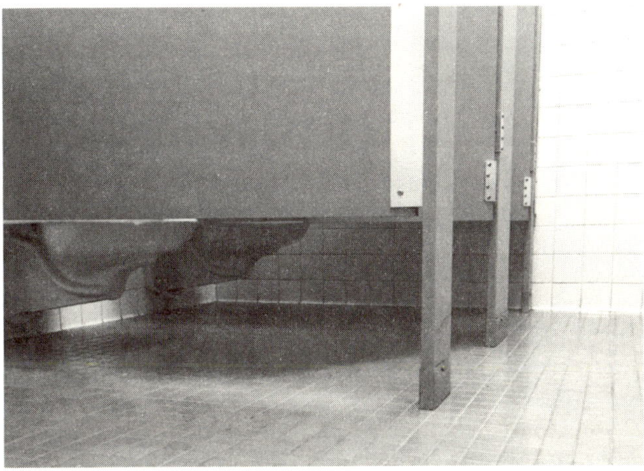

SOPHIE

En sec sentim que algú fa anar la cisterna del vàter i aleshores apareix la Meredith Timms i es queda plantificada allí al mig, amb un somriure d'orella a orella. «LA MARE DEL TANO, AIXÒ SÍ QUE NO M'HO ESPERAVA!», va dir.

CLAUDIA

Fins a cinquè la Meredith va ser la meva millor amiga. Però després es va convertir en una Fembot i va passar totalment de mi. Allò em va deixar feta pols. Però això és una altra història. Només en faig esment perquè té a veure amb el que li vaig dir al lavabo.

CARMEN

Li vas dir alguna cosa com: «Meredith, això és una situació MOLT delicada que podria fer-me molt de mal. Si encara t'importa una mica la nostra amistat, el millor que podries fer seria no dir res d'això a ningú».

PARVATI

I la Meredith: «Ei, adeu, maqueeees!». I va sortir corrents del lavabo. I, per cert, ni es va rentar les mans abans de fugir. Cosa que em va semblar fastigosa!

CLAUDIA

Quan la Meredith va sortir del lavabo, jo em vaig pensar que mantindria el nostre secret.

SOPHIE

No sé pas per què t'ho vas pensar. La Meredith ha passat completament al costat fosc.

CLAUDIA

Sí, per desgràcia és veritat. Quan vaig arribar al meu armariet, al passadís, l'Athena i les altres Fembots ja m'hi esperaven, amb els seus somriures malèvols.

I l'Athena va i em diu: «Vet aquí el tracte que et proposo, perdedora: tens fins a les quatre de la tarda d'avui per penjar al BEP un missatge on diràs bàsicament que ets la idiota més absoluta que ha viscut mai... perquè, si no, entraré a la pàgina BEP del Marcel Mourlot i diré als Combatents de l'Amor qui ets i on vius».

I llavors les altres van petar se de riure, com si fossin hienes.

FEMBOT RIENT COM UNA HIENA (hiena de debò)

CARMEN

NO puc entendre que siguin tan repugnants.

PARVATI

Em penso que necessitarien un altre malnom, perquè això de Fembots no és PROU malvat.

CLAUDIA

Durant tot aquell matí, a classe, m'era impossible concentrar-me en res perquè només pensava en la desgràcia que m'esperava. Havia de decidir si sofrir la humiliació més absoluta o permetre que una multitud furiosa de desconeguts em destrossés.

Però quan hi vaig rumiar una mica millor vaig adonar-me que l'opció d'humiliar-me no existia. Encara que estigués disposada a penjar allò al BEP, l'Athena, encara podria denunciar-me als Combatents de l'Amor, sempre que volgués. I, coneixent com conec l'Athena, vaig intuir que em faria xantatge quan li convingués. I jo no podia permetre que ella tingués el poder absolut sobre mi.

Per tant, havia d'arriscar el meu joc amb els Combatents de l'Amor. Com que l'Athena m'havia donat fins a les quatre de la tarda per penjar el BEP, encara tenia una mica de temps per reduir la desgràcia. Semblava que tingués una previsió meteorològica que preveia l'arribada d'un huracà. No pots pas aturar l'huracà, però com a mínim pots condicionar les portes i finestres i pots amagar-te al soterrani.

I en el meu cas allò volia dir esborrar tots els meus comptes de les xarxes socials i intentar esborrar totes les fotos que hi havia a internet. Així, ningú en podria trobar cap i passar-la pel Photoshop i fer que el meu cap fos una caca de gos. (o alguna cosa encara pitjor)

Total, que quan vaig anar a la cantina, a l'hora de dinar, vaig demanar als meus amics que repassessin totes les pàgines del ClickChat i que esborressin qualsevol foto on aparegués jo.

CARMEN

Mai m'havia adonat que tu sorties a tantes de les meves fotos que havia d'esborrar. Allò seria un MUNT de feina.

PARVATI

MASSA feina, la veritat. Per això jo vaig i dic: «Per què no demanes al Marcel que digui als Combatents de l'Amor que et deixin en pau? Faran tot el que els digui ell!».

CLAUDIA

Així que la Parvati va dir això, vaig adonar-me que era una idea genial.

PARVATI

No era gens genial. El que passava és que em feia molta mandra això de repassar totes les fotos del ClickChat.

CLAUDIA

No era pas tan fàcil posar-se en contacte amb el tal Marcel. L'únic email que apareixia a la seva pàgina del BEP era per a «negocis» i allò no funcionaria. Sempre em quedava l'opció d'enviar-li un missatge directe, però amb 30 milions de seguidors, probablement en rebia TONES i TONES.

Vaig decidir fer totes dues coses. I com que només em quedaven 15 minuts de la pausa del migdia, m'havia d'afanyar.

Vaig agafar el mòbil i vaig enviar un missatge directe (MD) al Marcel, després vaig copiar-lo i el vaig enviar a la seva adreça d'email de negocis.

@claudaroo a @elGranMarcel (MD del BEP)

Benvolgut Marcel,

Soc la persona que et va ferir al BEPfest del dissabte.

Em sap moltíssim greu!!!! Jo volia donar-te un llapis de memòria que contenia una música meva, però no em vaig poder apropar prou a l'escenari. La meva intenció no era fer-te mal! I encara menys a l'ull. Només volia que escoltessis la meva música.

Em sap molt greu haver-te esgarrinxat la còrnia! Si em dius quant et va costar la factura del metge, ja trobaré la manera de tornar-te els diners.

A més, ja et deus haver adonat que hi ha un munt de Combatents de l'Amor a la secció de comentaris que estan intentant saber qui soc per poder-me destruir.

Ja sé que m'ho mig mereixo, però t'estaria molt agraïda si els poguessis dir que em deixin en pau. El meu germà va rebre atacs la setmana passada d'una colla de Bewbees i tota la nostra família es va quedar ben espantada.

D'aquí a poques hores clausuraré el meu compte del BEP, per tant espero que vegis el meu missatge abans d'això!!!

Et torno a demanar disculpes! Espero que el teu ull ja estigui millor!!!

Sincerament,

Claudia Tapper (@claudaroo)

CARMEN

Molt bon missatge de disculpa.

CLAUDIA

Gràcies. En realitat, em vaig sentir molt millor després d'haver-lo escrit. Perquè bàsicament en l'única cosa que podia pensar era en aquella colla enfurismada de Combatents de l'Amor. Jo no parava de mirar el meu compte de BEP, entre classes, aquella tarda, però no vaig tenir cap notícia del Marcel.

I a mesura que la tarda avançava, vaig començar a pensar que era insensat creure que havia llegit el meu i que em salvaria la pell de la colla dels seus fans rabiosos.

Per això, quan l'Athena va venir cap al meu armariet, en acabar les classes, i em va dir: «Penses penjar el teu BEP o no? Perquè si no, t'enviaré la tropa de Combatents de l'Amor i et deixaran morada!», li vaig dir que s'esperés fins a les quatre, i que després donés una ullada a la meva pàgina BEP.

I, evidentment, a les quatre ja no existiria la pàgina, perquè pensava clausurar-la així que arribés a casa.

Però un cop vaig arribar-hi, tot havia tornat a canviar.

CAPÍTOL 24
EL PAIO FRANCÈS
HI FICA CULLERADA

CLAUDIA

El missatge de la Parvati –que vaig rebre mentre caminava per la West End Avenue, camí de casa– va ser la primera indicació que el Marcel havia rebut el meu MD.

PARVATI A CLAUDIA (missatges de text)

EEEEEI!!!!!

????

ETS FAMOSA!!!!

OSTRES, OSTRES, NO ESBORRIS LA TEVA PÀGINA BEP!!!

CLAUDIA

Vaig obrir el BEP i de seguida em vaig adonar que acabava d'aconseguir gairebé uns 1.000 seguidors nous.

L'altra cosa que vaig veure va ser que els meus antics BEP de feia setmanes de cop tenien 75.000 blips.

També va respondre el meu MD.

@ELGRANMARCEL A @CLAUDAROO (MD del BEP)

GRÀCIES PEL TEU MISSATGE HONEST, ÉS TAN BONIC QUE VEIG QUE TENS UN GRAN COR.

I LA TEVA CANÇÓ «MOLÍ DE VENT» ÉS ESTUPENDA! M'ENCANTA I HE FET REBEP A UN DELS BEP.

JA TINC L'ULL MOLT MILLOR, NO T'AMOÏNIS.

NO CAL QUE ET PREOCUPIS PELS COMBATENTS DE L'AMOR, SÓN BONA GENT I NOMÉS VOLEN QUE TOTHOM SIGUI FELIÇ.

PARVATI

OSTRES, NO EM PUC CREURE QUE EL MARCEL T'HAGI ESCRIT UN MD!!! Hauries de fer una captura de pantalla i emmarcar-la, en un marc d'or!!!

CLAUDIA

La resta d'aquell dia (no, de fet tota la setmana) va ser fantàstic. En comptes de passar-me estona intentant esborrar la meva presència a internet abans que els Combatents de l'Amor em destruïssin, vaig dedicar-me a observar com el meu BEP de «Molí de vent» aconseguia 2.000.000 de blips i els meus seguidors augmentaven fins als 9.000.

També vaig veure com l'Athena feia un ridícul espantós a la secció de comentaris del Marcel.

SECCIÓ DE COMENTARIS DEL BEP

426 comentaris (descarrega'n més)

@FlorisDiz cançó estupenda, clica a l'enllaç

@NJCombatentdamor VÍDEO MOLT GUAPO @CLAUDAROO M'AGRADA MOLT COM CANTES

Athena @mossadeessa COMBATENTS DE L'AMOR, LA @claudaroo ÉS LA PERSONA QUE VA TOCAR L'ULL DEL MARCEL AL BEPFEST!!!

@amorós100 morta d'enveja?

@mossadessa DE DEBÒ, VAIG A L'ESCOLA AMB ELLA I LA FALDILLA BLANCA I NEGRA QUE APAREIX A LA FOTO QUE VA PENJAR @FLORISDIZ ÉS D'ELLA, SENS DUBTE, I MOLT LLETJA

@NJCombatentdamor mira, @mossadeessa, això no és possible, perquè el Marcel li acaba de fer un reBEP

@FlorisDiz quina bestiesa, a més, no et conec, @mossadeessa

@mossadeessa COMBATENTS DE L'AMOR, NO US EMPANEU! @claudaroo ÉS LA CLAUDIA TAPPER I VA FER MAL AL MARCEL I L'HEU DE DESTRUIR!!!

@mossadeessa VA A L'ESCOLA CULVERT I LA SEVA ADREÇA DE CASA ÉS 437 WEST END AVENUE NYC

@FormBep de què vas, @mossadeessa??? Estàs sonada?

@NJCombatentdamor sí surt d'aquí @mossadeessa ets insuportable

@MarcelCombatentdelamor @mossadeesa no ho pots suportar perquè la @claudaroo és una passada

@FormBep ves i que et moqui la iaia @mossadeessa!

@mossadeessa SOU UNA COLLA D'IMBÈCILS

EPÍLEG

CLAUDIA

Si molts de vosaltres us esteu preguntant si el fet que el Marcel em fes un reBEP va tenir alguna cosa a veure amb el fet que la cançó es fes viral, i em catapultés a la fama i em convertís en una famosa cantautora... bé, la cosa no va anar exactament així.

El reBEP va rebre milions de blips, però la majoria de persones que el van mirar no es van preocupar mai de clicar a l'enllaç per veure tota la cançó a MiVid. Fins avui, unes 75.000 persones han vist el meu vídeo.

UALA!!! **76.167 consultes**

I això ja és impressionant. Estic molt agraïda al Marcel Mourlot, no només per haver-me evitat la desgràcia total, sinó per haver-me ajudat a propagar la meva música. Tot i que resulta que cada dia fa uns 20 reBEP d'altra gent i/o de companyies.

REBEPS DEL MARCEL DURANT LES ÚLTIMES 24 HORES:
-nens que llepen un gos pit bull
-un home que cau del sofà
-3 cantants-cantautors (1 bo, els altres acceptables
-4 humoristes (2 de divertits)
-5 begudes energètiques (estic segur que li han pagat per això)
-una dona que diu amb l'himne nacional

El cert és que 75.000 visites semblen un munt... però hi ha tantíssima gent a internet que com a xifra no és res de l'altre món. Per exemple, el meu profe de guitarra, el Randy, fa anys que penja cançons a MiVid. I la seva cançó més popular ha obtingut 10 vegades més visites que «Molí de vent»... I tampoc va ser cap èxit...

RANDY

Col·lega, estic molt orgullós de tu. 75.000 visites al primer intent és sensacional! Però has de recordar que jo vaig pillar-ne 90.000 amb «Cor rovellat». I encara em dedico a fer classes de guitarra a xavalets de 12 anys. Val més que mantinguis una certa perspectiva de les coses.

Au, ves, ves a escriure més cançons que deixin a tothom bocabadat o flipat.

CLAUDIA

Sí que ho faré, Randy. Gràcies per confiar en mi.

I ara que faig alguns agraïments, també voldria donar les gràcies al meu germà per haver-se deixat entrevistar sobre la pitjor experiència de la seva vida.

(+ penjar fotos vergonyoses de gossos)

REESE

La cosa va ser bastant fotuda durant un cert temps. Però, al cap d'una mica, els Bewbees es van començar a avorrir i van empipar algú altre. Ara la cosa ja està bé. Però de moment no penjo cap foto meva al ClickChat perquè, si no, de seguida hi ha algú que la fa servir per fer un meme d'un gos que em caga.

Ah, i el Xander em va deixar de parlar durant un parell de dies, després que la mare truqués a la senyora Billington i li expliqués el que va passar.

XANDER

Txungo, txungo, això de clavar la XIVATADA, tio! La mama dinosaure em va castigar en pla bèstia! Em va requisar el mòbil durant tres dies!

CLAUDIA

Tres dies sense mòbil? Després de tots els embolics que va tenir el Reese per culpa teva? Això és un càstig BÈSTIA? Ni de conya!

REESE

De debò, tio. Això és el contrari de bèstia.

XANDER

D'entrada, va dir-me un mes. Però la mama dinosaure no pot enfadar-se gaire amb el seu X-boy. Sobretot perquè li vaig fer la gara-gara: «Mama, he après una bona lliçó amb tot això!».

CLAUDIA

Ah, sí? Aquest llibre va de lliçons valuoses. Quina va ser la teva?

XANDER

ELS XIVATOS NO MOLEN!!!

UN CONSELL QUE NO ÉS D'UN EXPERT D'INTERNET

CLAUDIA

(sarcàstica)

Gràcies, Xander. Això ens ha ajudat molt.

REESE

Saps que és el que fa més por d'internet? M'hi passo mitja vida connectat però no en tinc NI IDEA de com funciona.

I diria que els pares encara ho saben menys que jo.

PARE I MARE (missatges de text)

Un príncep nigerià m'acaba d'oferir 100 milions de dòlars per ajudar-lo a treure diners del país

T'adones que això és una engalipada, oi?

Sí, i tant

No soc pas tan curt

I també me n'he adonat que l'enllaç que m'ha enviat estava trencat

PER L'AMOR DE DÉU, NO EM DIGUIS QUE HI HAS CLICAT!

el pare va clicar a l'enllaç i va pillar un virus com una casa; va haver-se de comprar un nou portàtil + canviar la targeta de crèdit ☹ ☹ ☹

CLAUDIA

Amb això tens tota la raó. Sí que fa cangueli. Jo tampoc sé gens com funciona internet.

REESE

Potser hauríem de fer un pacte, tipus... no connectar-nos FINS QUE no sapiguem de debò com funciona.

CLAUDIA

Sí, bona idea... però si no estem connectats a la xarxa, com podrem buscar a Google «Com funciona això d'internet?».

Haurem d'empescar-nos una manera de descobrir com funciona internet sense internet?

REESE

Ei, tia... això serà fotudíssim.

SI SABEU COM FUNCIONA AIXÒ D'INTERNET, SISPLAU, ESCRIVIU-NOS A:

CLAUDIA (I/O REESE) TAPPER
C/LITTLE, BROWN BOOKS FOR YOUNG READERS
1290 SIXTH AVENUE
NOVA YORK, NY 10104
EUA

GRÀCIES PER LLEGIR ELS NOSTRES LLIBRES!!!

#fi

AGRAÏMENTS ESPECIALS A:
Eliav Malone, Aden Malone, Liz Casal, John Hughes, Allegra Wertheim, Andy White, Nadia Vynnytsky, Brittney Morello, Trevor Williams, Daniella Sarnoff, John Malone, Jim Conant, Mike Thruman, Ali Benjamin, Tal Rodkey, Ronin Rodkey, Rahm Rodkey, Dafna Sarnoff, Andrea Spooner, Russ Busse y Josh Getzler.

CRÈDITS D'IMATGES:
Liz Casal: p. iii, 1, 5, 11, 12, 13, 19, 22, 32, 34, 39, 48, 56, 70, 81, 82, 94, 103, 112, 115, 123, 130, 132, 141, 143, 145, 156, 157, 167, 177, 186, 190, 191, 200, 203, 204, 205, 209, 212, 215, 221, 231, 235, 241
Currier & Ives: p. 41
John Hughes: p. 40, 44, 45, 99, 124, 128, 129, 171, 174, 207

l'autor

GEOFF RODKEY

Ha treballat com a guionista en cinema i televisió, i ha escrit llibres, revistes, monòlegs humorístics per a teatre i discursos per a dos senadors nord-americans. La seva experiència com a guionista de pel·lícules còmiques, episodis de *Beavis and Butt-head* i sèries de Disney Channel, dona un toc d'humor a tota la seva obra que li ha valgut una nominació als premis Emmy. «Els bessons Tapper» és la segona sèrie de llibres que escriu per a nens.

Títols de la col·lecció

ELS BESSONS TAPPER

1. Els bessons Tapper es declaren la guerra
2. Els bessons Tapper destrossen la ciutat
3. Els bessons Tapper volen ser presidents
4. Els bessons Tapper revolucionen internet